El tiempo es totalmente raro
La extraña naturaleza del tiempo
David E. McAdams

Copyright © 2025 Life is a Story Problem LLC. Todos los derechos reservados. Ninguna parte de este documento puede copiarse, almacenarse o transmitirse por ningún medio sin el consentimiento expreso y por escrito del autor.

Tabla de contenido

Capítulo 1 – ¿Qué es el tiempo?...1
La naturaleza del tiempo..2
    Dirección del tiempo..2
    El tiempo nunca se detiene...2
    Velocidad del tiempo..3
El tiempo parece continuo..3
Tiempo cuántico: el tiempo podría ser discreto................................4
¿El tiempo simplemente existe o está causado por algo?.................5
El tiempo parece infinito..5
¿Tiene el tiempo principio o fin?...6

Capítulo 2 – ¿Cómo medimos el tiempo?...................................7
La historia de la medición del tiempo..7
    ¿Por qué 60 segundos? ¿Por qué 60 minutos? ¿Por qué 24 horas? 9
Cómo definen el tiempo los científicos..10
Calendarios...11
    Segundos intercalares...12
Hora del día..13
    Antes de que se inventaran los relojes mecánicos....................14
Relojes mecánicos..20
    Relojes de péndulo: un salto gigante..21
    Relojes de muelle: el tiempo se vuelve portátil........................21
    Relojes eléctricos: tiempo con energía.....................................22
    Relojes de cuarzo: una revolución cristalina............................22
    Relojes atómicos: los maestros del tiempo..............................22

Capítulo 3 – El tiempo se vuelve raro......................................23
El tiempo es relativo..23
    El experimento Hafele–Keating (1971)...................................24
    Gravedad y tiempo: relojes en las montañas...........................24
    Observando muones...25
    Porque el tiempo es relativo...25
Cómo funciona el GPS..27
El tiempo puede doblarse y estirarse...28
    El tiempo se dobla cuando te mueves muy deprisa.................28
    ¿Qué significa que el tiempo se estire?....................................29
    ¿Por qué se estira el tiempo a altas velocidades?....................29
    Consecuencias del estiramiento del tiempo.............................30
    Conclusión..30
    El tiempo se dobla cuando la gravedad es fuerte.....................31
    Conclusión..31
¿Es el tiempo solo parte de una simulación?.................................32

El tiempo no puede deshacerse..33
    Entropía y la flecha del tiempo..33
Nuevas teorías científicas sobre invertir el tiempo.........................34
    Conclusión..35
Causa y efecto están ligados al tiempo..35
    Conclusión..36
El tiempo cíclico...37
    Ideas científicas modernas sobre el tiempo cíclico.....................38
    Conclusión..38
Tiempo bloque: ¿está el universo congelado?..................................39
Cómo los relojes muy precisos pueden deformar el tiempo...........40
Tiempo imaginario..41
    ¿En qué se diferencia el tiempo imaginario?...............................42
    ¿Por qué usan los científicos el tiempo imaginario?..................42
    ¿Es real el tiempo imaginario?...42
    Conclusión..43
¿Es real el tiempo?...43

Capítulo 4 – Percepción del tiempo..44
¿Cómo mide el cerebro el tiempo?..45
¿Por qué a veces el tiempo se siente diferente?.................................45
Cómo estudian los científicos la percepción del tiempo..................46
    Trucos especiales de la mente..46
    Conclusión..47

Capítulo 5 – Viajes en el tiempo..47
El pensamiento científico sobre los viajes en el tiempo...................48
Cuerdas cósmicas: hilos del universo temprano...............................50
Películas que ilustran los viajes en el tiempo....................................51
    Regreso al Futuro (1985):...51
    Interstellar (2014):..51
    El Proyecto Adam (2022):...52
La paradoja del viaje en el tiempo..53
Viajar en el tiempo con telescopios..53
    Conclusión..54

Capítulo 6 – Ideas raras sobre el tiempo...54
¿El futuro ya existe?..54
Vivir en el espaciotiempo...55
¿Y si viviéramos en el espacio sin tiempo?..55
¿Y si viviéramos en el tiempo sin espacio?..56
¿Y si viviéramos sin espacio ni tiempo?...57

Actividades de aprendizaje..57
Experimentos mentales..57
    Actividad del tiempo de los gemelos..57

- Actividad del Tiempo en Bloque 59
- Actividad «Sin espacio, sin tiempo» 60
- Actividad del tiempo al revés 62
- Lo que dicen los científicos 63
- Actividad del tiempo en pausa 64
- Actividad del tiempo discreto 67
- Experimentos sencillos 68
  - Actividad del reloj de palo 68
  - Actividad del reloj de sol 70
  - Actividad del reloj de arena 71
  - Actividad del reloj de vela 73
  - Actividad del reloj de agua 75
  - Explora tu percepción del tiempo 77
- Actividades creativas 78
  - Dibuja el tiempo 78
  - Inventa un nuevo reloj 78
  - Cápsula del tiempo 78
  - Día simulado 78

Apéndice 79
- Medición del tiempo 79
- Citas sobre el tiempo 82
- Acertijos sobre el tiempo 83
- Chistes sobre el tiempo 85

Glosario 86

Capítulo 1 – ¿Qué es el tiempo?

Imagina que estás de pie dentro de un túnel muy largo. Las paredes del túnel muestran los sucesos de tu vida diaria. Cuando miras hacia adelante, todo se ve borroso y oscuro, y cuanto más lejos miras, más borroso y oscuro se vuelve. A ambos lados de ti, las cosas están claras y se ven con facilidad. Cuando miras hacia atrás, todo se va desvaneciendo poco a poco en sombras grises. Ese túnel es como el tiempo.

Ilustración 1: El tiempo como un túnel

A veces podemos predecir lo que va a pasar un poquito en el futuro, pero cuanto más lejos intentamos mirar, más difícil es saberlo con seguridad. También podemos recordar el pasado, pero a medida que pasa el tiempo, nuestros recuerdos se vuelven menos claros.

Entonces, ¿qué es el tiempo? El tiempo es el flujo que nos mueve desde el pasado, a través del presente, y hacia el futuro. Vivimos dentro del tiempo, pero no podemos verlo. Sabemos que el tiempo existe porque experimentamos que los sucesos ocurren uno detrás de otro. Recordamos lo que ya pasó, vivimos lo que está ocurriendo ahora e imaginamos lo que podría pasar después.

Vivimos en el espacio y en el tiempo. El espacio tiene tres dimensiones: adelante y atrás, izquierda y derecha, arriba y abajo.

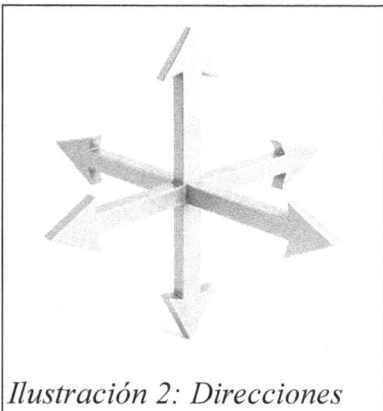

Ilustración 2: Direcciones en el espacio

El tiempo añade una cuarta dimensión: el camino que va del pasado al futuro.

La naturaleza del tiempo

Dirección del tiempo

Una diferencia importante entre el espacio y el tiempo es que el espacio es **omnidireccional** (va en todas las direcciones) y el tiempo es **unidireccional** (va solo en una dirección).

Cuando decimos que el espacio es omnidireccional, estamos diciendo que podemos ir en cualquier dirección. Podemos ir hacia adelante o hacia atrás; a la izquierda o a la derecha; y hacia arriba o hacia abajo. Incluso podemos ir un poco hacia la izquierda, un poco hacia adelante y un poco hacia abajo al mismo tiempo.

Sin embargo, el tiempo es unidireccional. Solo podemos movernos hacia adelante en el tiempo. Intenta la *Actividad de tiempo hacia atrás* en la página *62*.

Ilustración 3: El tiempo es unidireccional

El tiempo nunca se detiene

En el espacio, podemos quedarnos quietos. Sin embargo, no podemos detener el tiempo. El tiempo sigue avanzando nos guste o no. No tenemos elección: debemos fluir con el tiempo hacia el futuro.

Prueba esto: di «Todo lo anterior a ahora está en el pasado». Pero, en cuanto dices «ahora», ese "ahora" ya está en el pasado. Puedes decir una y otra vez «Todo lo anterior a ahora está en el pasado» (marcando bien la palabra «ahora»), pero cada vez que dices

Ilustración 4: El tiempo no puede detenerse

«ahora», ya se ha ido al pasado. *Intenta la Actividad de tiempo en pausa en la página 64.*

Velocidad del tiempo

A veces parece que el tiempo se arrastra interminablemente, y otras veces parece que vuela, pero eso es nuestra percepción del tiempo, no la naturaleza del tiempo en sí. No podemos elegir a qué velocidad nos movemos a través del tiempo.

En el espacio, sí podemos elegir a qué velocidad nos movemos, en qué dirección lo hacemos e incluso si nos movemos o no. El tiempo, en cambio, avanza siempre al mismo ritmo, hagamos lo que hagamos. Pase lo que pase, el tiempo sigue moviéndose a su propia velocidad y nunca nos espera.

Ilustración 5: Velocidad del tiempo

Prueba la actividad **Explora tu percepción del tiempo** *en la página 77.*

El tiempo parece continuo

Muchos científicos creen que el espacio y el tiempo forman un **continuo**. Esto significa que, cuando pasamos de un momento a otro, el cambio ocurre de forma suave, no a pequeños saltos. Si el tiempo se moviera en mini-saltos, esos saltos serían tan diminutos que no podríamos detectarlos.

Podemos comparar esta idea con el funcionamiento de una película. Una película está hecha de muchas imágenes fijas que se muestran muy rápido, una tras otra. Nuestro cerebro mezcla esas imágenes, haciendo que la acción parezca suave y continua.

En realidad, esas imágenes, llamadas fotogramas, tienen pequeños huecos entre ellas. A eso se le llama un flujo discreto. El tiempo, sin embargo, se nos presenta como un flujo continuo de sucesos, sin huecos entre medio.

Tiempo cuántico: el tiempo podría ser discreto

Para entender la idea del **tiempo cuántico**, primero debemos hablar del **mundo cuántico**. El "mundo cuántico" es el mismo universo en el que vivimos, pero visto a una escala extremadamente pequeña, donde existen las partículas más diminutas de la materia y la energía.

A esa escala, el tiempo no se comporta de la manera familiar que nosotros experimentamos. No fluye como un río constante con un principio y un final bien definidos. En lugar de eso, en el mundo cuántico el tiempo podría comportarse más como una serie de destellos diminutos, similares al parpadeo de una luz estroboscópica. *Prueba la Actividad de tiempo discreto en la página 67.*

Muchos científicos proponen que, en el mundo cuántico, el tiempo aparece solo cuando las partículas más pequeñas se **entrelazan** unas con otras. El entrelazamiento ocurre cuando dos partículas quedan conectadas de tal forma que el comportamiento de una afecta instantáneamente a la otra, incluso si están muy alejadas. Esto desafía la idea clásica de que la causa siempre debe venir antes que el efecto de una forma clara y medible.

En el mundo cuántico, las partículas parecen bailar entrando y saliendo de la existencia. Los científicos creen que el tiempo, a esa escala, no avanza en segundos ordenados y tranquilos. En vez de eso, los sucesos pueden ocurrir en una especie de neblina, donde se vuelve difícil decir qué pasó primero y qué pasó después.

Algunas interpretaciones de la mecánica cuántica sugieren que las partículas muy pequeñas podrían no tener una única historia clara. En lugar de eso, muchas posibilidades distintas pueden existir al mismo tiempo. Una partícula cuántica podría incluso "existir" en varias líneas de tiempo a la vez, creando diferentes universos donde ocurren cosas distintas.

El entrelazamiento hace que la naturaleza del tiempo sea todavía más extraña. Imagina un partido de fútbol (soccer) a escala microscópica. Un balón está volando por el aire. ¿Fue un pie que pateó la pelota lo que hizo que saliera disparada? ¿O fue la pelota volando la que hizo que el pie la pateara? ¿O quizá ambas cosas ocurrieron al mismo tiempo por razones que aún no entendemos del todo, o tal vez sin motivo alguno? En el mundo cuántico, la idea de *cuándo* ocurre algo se vuelve muy difícil de fijar.

¿El tiempo simplemente existe o está causado por algo?

Los científicos siguen explorando si el tiempo existe por sí mismo o si algo más lo crea. Algunos físicos creen que el tiempo, tal como lo experimentamos, puede que no sea lo que realmente organiza los sucesos en orden. En lugar de eso, sugieren que las interacciones entre las partículas diminutas, los ladrillos básicos de todo, podrían ser lo que crea el flujo del tiempo.

En esta forma de pensar, el tiempo no es como una hoja de papel en blanco donde los sucesos se dibujan ordenaditos uno detrás de otro. Más bien, el tiempo se parece al dibujo mismo, que se va formando poco a poco mientras el universo cambia y evoluciona. Cada nuevo suceso, cada movimiento, cada cambio añade una nueva línea o forma al dibujo.

Si esta idea es correcta, entonces el tiempo no es algo que simplemente esté ahí alrededor de nosotros, como un escenario o un contenedor. Es algo que crece y se despliega junto con todo lo demás en el universo.

El tiempo parece infinito

El tiempo parece continuar sin final, como si fuera **infinito**. Si eliges dos puntos en el tiempo, siempre hay otro punto entre ellos. (Ver la ilustración). Por ejemplo, si tienes los puntos A y B, siempre hay un punto C en algún lugar entre ellos.

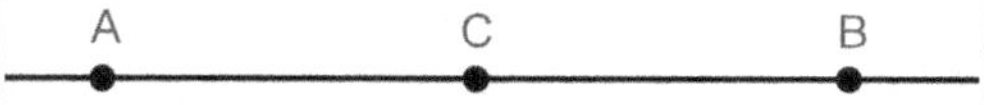

Ilustración 6: Puntos en el tiempo

Ilustración 7: Más puntos en el tiempo

Ahora bien, si amplías la vista entre los puntos A y C, encontrarás que todavía hay otro punto entre ellos. Llamemos a este nuevo punto D. Si vuelves a acercarte entre A y D, encontrarás aún otro punto, al que podemos llamar F.

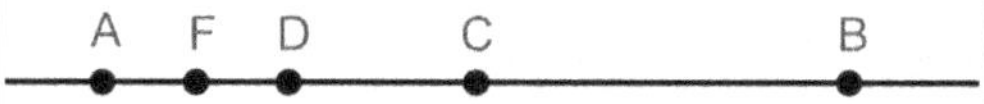

Ilustración 8: Aún más puntos en el tiempo

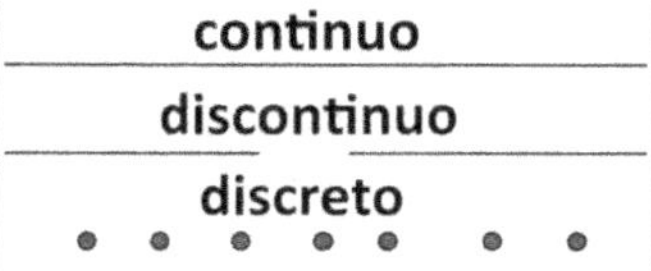

Cuando siempre hay otro punto entre dos puntos cualesquiera, decimos que algo es **continuo**. Si hay un hueco entre dos puntos,

Ilustración 9: Continuo, discontinuo, discreto

lo llamamos **discontinuo**. Si siempre hay un hueco entre cada par de puntos, lo llamamos **discreto**.

¿Tiene el tiempo principio o fin?

Desde hace mucho, los científicos se han preguntado si el tiempo mismo tiene un principio o un final. Es uno de los mayores misterios a los que nos enfrentamos, como estar de pie en la orilla de un océano inmenso e intentar ver si hay una costa lejana más allá del horizonte.

La mayoría de los científicos creen que el tiempo, tal como lo conocemos, comenzó hace unos 13,8 mil millones de años con el **Big Bang**. Imagina un globo desinflado y vacío. El momento del Big Bang fue como la primera bocanada de

Ilustración 10: Interpretación artística del Big Bang

aire que entra en el globo, estirando el espacio y el tiempo hacia afuera al mismo tiempo. Antes de ese instante, quizá no había reloj que hiciera tic-tac, ni río de segundos fluyendo; no había nada que reconociéramos como "tiempo".

Si existió tiempo antes del Big Bang, la ciencia no tiene actualmente forma de saberlo. Telescopios como el Hubble pueden observar cosas muy lejanas. Como la luz tarda en viajar desde tan lejos, es como asomarse al pasado. Los astrónomos están obteniendo una imagen cada vez más clara de cómo era el universo temprano. Sin embargo, no hay forma de ver "más allá" del Big Bang. No hay pruebas de cómo era el universo antes del Big Bang, o incluso de si el universo existía antes del Big Bang.

Pero ¿qué pasa con el final del tiempo? Algunos científicos piensan que el tiempo podría ser como una vela: arde de forma constante durante un tiempo, pero al final se apaga. Si el universo sigue expandiéndose para siempre, las galaxias se alejarán unas de otras como barcos solitarios en un mar oscuro e infinito, las

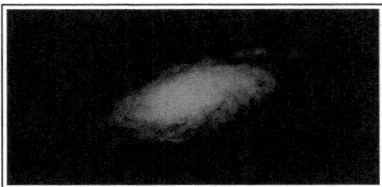

Ilustración 11: Galaxia muerta al final del tiempo

estrellas se apagarán y el universo podría volverse frío y silencioso. En un futuro así, llamado la **"muerte térmica"**, el tiempo podría perder su significado porque ya no sucedería nada: no habría luz, ni calor, ni vida que marcara los momentos.

Otras ideas sugieren que el tiempo podría colapsar sobre sí mismo. Si la gravedad llegara alguna vez a vencer la expansión del universo, sería como un gran roble que se dobla bajo su propio peso hasta caer. El universo podría encogerse en un **"Big Crunch"** (Gran Colapso), llevando el tiempo a un final tan abrupto como el momento en que comenzó.

Aun así, algunos científicos se preguntan si el tiempo podría ser un bucle, retorciéndose sobre sí mismo como una serpiente que se muerde la cola. En esta visión, el final de un universo podría encender el nacimiento de otro, con un tiempo que empieza de nuevo. Piensa en un yó-yo: lo lanzas hacia afuera y vuelve volando a tu mano. Y puedes volver a lanzarlo otra vez.

Ilustración 12: El universo como un yo-yo

La verdad es que todavía no lo sabemos. Puede que nunca lo sepamos. El tiempo es como un gran libro que estamos leyendo página a página, pero aún no podemos echar un vistazo adelantado para ver cómo termina la historia, o si es que termina alguna vez.

A partir de aquí, el tiempo empieza a volverse todavía más extraño. Pero antes, veamos cómo medimos el tiempo.

Capítulo 2 – ¿Cómo medimos el tiempo?

La historia de la medición del tiempo

En los primeros días de la civilización humana, las personas medían el tiempo observando sucesos que todo el mundo podía ver. Podían notar que había pasado un año al mirar cómo cambiaban las estaciones. Estas estaciones cambian porque la Tierra está inclinada mientras viaja por su camino alrededor del Sol.

Cuando nuestra parte de la Tierra (nuestro hemisferio) se inclina alejándose del Sol, es invierno. Cuando nuestro hemisferio se inclina hacia el Sol, es verano. Invierno, primavera, verano y otoño ocurren una vez cada año.

Otros marcaban el tiempo observando la Luna: el tiempo de una luna nueva a la siguiente. Una luna nueva es cuando la parte de la Luna que podemos ver no está iluminada por el Sol. Este período de tiempo se llama mes lunar.

A medida que crecía el conocimiento humano, los primeros astrónomos hicieron observaciones más cuidadosas. Notaron que la duración de los días seguía un patrón regular. Definieron cuatro puntos clave del año que se podían medir: el **solsticio de invierno**, el **solsticio de verano**, el **equinoccio de primavera** y el equinoccio de otoño.

Ilustración 13: Inclinación de la Tierra

El solsticio de invierno es el día más corto del año, mientras que el solsticio de verano es el más largo. El equinoccio de primavera es el día en que el día y la noche son lo más parecidos posible en duración, y el equinoccio de otoño marca el mismo equilibrio en otoño. Los antiguos astrónomos definieron un año como el tiempo que tarda en ir de un solsticio o equinoccio a ese mismo punto otra vez, por ejemplo, de un solsticio de invierno al siguiente.

Medimos el tiempo observando cambios a nuestro alrededor. Por ejemplo, un día es el tiempo entre una puesta de sol y la siguiente. Este periodo marca el tiempo que tarda el Sol en volver a la misma posición en el cielo.

Los antiguos egipcios fueron los primeros en dividir el día en 24 horas. Sin embargo, aunque solemos pensar en un día como exactamente 24 horas, en realidad no lo es del todo. Esto se debe a los movimientos complejos de la Tierra. Mientras la Tierra gira sobre sí misma, también avanza en su órbita alrededor del Sol. Ese movimiento hacia adelante significa que, después de completar una vuelta entera con respecto a las estrellas lejanas, la Tierra debe girar un poquito más para que el Sol aparezca en la misma posición del cielo de un día al siguiente.

Si la Tierra no se moviera en su órbita, una rotación completa tardaría unas 23 horas, 56 minutos y 4 segundos. Esto se llama **día sideral**, medido por la posición de las estrellas lejanas. Pero como la Tierra avanza alrededor de un grado en su órbita cada día, se necesitan unos cuatro minutos extra de rotación para que el Sol regrese al mismo lugar en el cielo. Esto hace que el **día solar**, el que usamos con nuestros relojes, dure casi 24 horas.

Aun así, la duración del día solar cambia ligeramente a lo largo del año. La órbita de la Tierra no es un círculo perfecto sino una elipse, y el eje de la Tierra está inclinado. Estos factores causan pequeños cambios en la duración de cada día solar. Para mantener el tiempo consistente, definimos un **día solar medio**, la duración promedio de todos los días solares a lo largo de un año, como exactamente 24 horas.

Así, detrás del simple tic-tac de un reloj se esconde una delicada danza entre la rotación de la Tierra y su viaje alrededor del Sol, un movimiento silencioso pero constante al que nuestra medición del tiempo intenta seguirle el paso con cuidado.

Hoy, una hora se define como 1/24 de un día solar medio, un minuto como 1/60 de una hora y un segundo como 1/60 de un minuto. Sin embargo, incluso estas medidas tradicionales no son lo bastante precisas para los trabajos científicos más exactos.

¿Por qué 60 segundos? ¿Por qué 60 minutos? ¿Por qué 24 horas?

Puede parecer que el tiempo marcha al ritmo de la naturaleza, pero la forma en que lo medimos está llena de decisiones humanas antiguas, matemáticas ingeniosas y un toque de misterio.

Empecemos con el día. La Tierra gira una vez cada 24 horas. Bueno… casi. Esta rotación es lo que nos da la noche y el día. Así que dividir un día en 24 partes tiene cierto sentido. Pero ¿por qué 24 y no 10, 20 o 100?

Para eso, tenemos que viajar miles de años atrás, a la Antigua Babilonia, en lo que hoy es Irak. A los babilonios les encantaba el número 60. En lugar de contar de 10 en 10 como nosotros, usaban un sistema basado en 60. Este sistema se llama sexagesimal y es uno de los sistemas de numeración más antiguos que se conocen. Pensaban que el 60 era especial: se puede dividir exactamente entre 2, 3, 4, 5 y 6, lo que lo hacía perfecto para partir cosas en muchas fracciones.

Así que, cuando los primeros medidores del tiempo, como los constructores de relojes de sol y los astrónomos, necesitaron "rebanar" el tiempo, tomaron prestado el sistema babilonio. Dividieron cada hora en 60 minutos y cada minuto en 60 segundos. Por eso tu reloj no está basado en un sistema decimal (de base 10) como tu calculadora.

Ahora bien, ¿por qué 24 horas en un día? Esa idea puede haber venido de los egipcios. Ellos dividían el día en 10 partes usando relojes de sol, y añadían una hora para la mañana y otra para la tarde, haciendo 12. Hicieron lo mismo con la noche, usando las estrellas para dividir la oscuridad en 12 partes. Súmalas: 12 horas de luz y 12 horas de noche son 24 horas en un día completo.

Así que la próxima vez que mires la hora, recuerda: los números de tu reloj vienen de observadores de estrellas, fabricantes de relojes de sol y amantes de las matemáticas de hace miles de años. Llevas un pedacito de historia antigua en el bolsillo.

Cómo definen el tiempo los científicos

Durante la mayor parte de la historia humana, las personas midieron el tiempo observando el mundo natural: el movimiento del Sol, el cambio de las estaciones y la salida y la puesta de las estrellas. Un día se medía de un amanecer al siguiente, y un año de una primavera a la siguiente. Estos métodos servían bien para la vida cotidiana, pero no eran lo bastante exactos para la ciencia.

A medida que la tecnología mejoró, los científicos quisieron una forma de medir el tiempo con mucha más precisión. Necesitaban una definición que siempre se mantuviera igual, sin importar dónde o cuándo se usara.

Al principio, los científicos definieron el segundo dividiendo el día en partes más pequeñas. Un día se dividió en 24 horas, cada hora en 60 minutos y cada minuto en 60 segundos. Así, un segundo se definía como 1/86 400 de un día completo. Sin embargo, más tarde descubrieron que la duración del día cambia ligeramente con el tiempo, debido a pequeños cambios en la rotación de la Tierra. Además, la rotación de la Tierra se está frenando un poquitito cada año. Esto significa que usar el movimiento de la Tierra no es una forma totalmente fiable de definir un segundo.

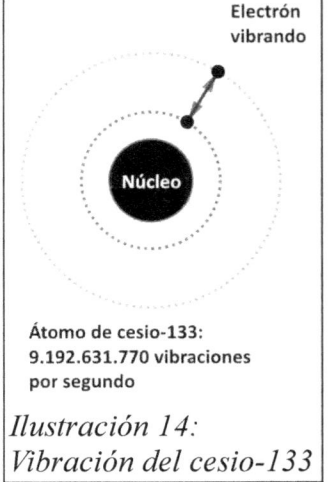

Átomo de cesio-133:
9.192.631.770 vibraciones por segundo

Ilustración 14:
Vibración del cesio-133

En 1967, los científicos crearon una definición mejor usando átomos, que son los diminutos ladrillos de todo lo que nos rodea. Eligieron el átomo de cesio-133 porque vibra a un ritmo muy constante. Descubrieron que un átomo de cesio, cuando las condiciones son adecuadas, emite exactamente 9.192.631.770 vibraciones cada segundo.

Así que hoy, un segundo se define oficialmente como el tiempo que tardan en producirse 9.192.631.770 vibraciones de un átomo de cesio-133 bajo ciertas condiciones. Este método es extremadamente preciso y se usa en los **relojes atómicos**, que miden el tiempo con tanta exactitud que solo adelantarían o atrasarían aproximadamente un segundo en millones de años.

Gracias a este trabajo cuidadoso, los científicos tienen ahora una definición del tiempo estable, exacta y aceptada en todo el mundo. Y lo mejor: cualquier científico con el equipo adecuado puede medir el tiempo exactamente igual.

Calendarios

Los calendarios se han usado desde hace por lo menos 10 000 años. ¡Eso son unas 500 generaciones! ¡Puede que tus tataratataratatara-(499 veces)-abuelos ya usaran un calendario!

Durante miles de años, las personas han necesitado formas de llevar la cuenta del tiempo: no solo de las horas y los días, sino también de los meses, las estaciones y los años. Los calendarios se crearon para ayudar a organizar la vida, planear las temporadas de cultivo, celebrar festivales y marcar acontecimientos importantes.

Los primeros calendarios se basaban en lo que la gente podía observar fácilmente: los movimientos del Sol, la Luna y las estrellas. Algunos pueblos antiguos, como los babilonios, usaban los ciclos de la Luna para crear calendarios lunares. Un mes lunar, el tiempo de una luna nueva a la siguiente, dura unos 29,5 días.

Ilustración 15: Calendario maya

Doce meses lunares suman unos 354 días, que es menos que un año solar completo.

Otras civilizaciones, como el Antiguo Egipto, observaron que la trayectoria del Sol en el cielo y el cambio de las estaciones eran muy regulares. Crearon calendarios solares basados en el viaje de la Tierra alrededor del Sol, que tarda unos 365 días. Los egipcios incluso añadieron un día especial cada cuatro años, muy parecido a nuestro año bisiesto moderno, para mantener su calendario alineado con las estaciones.

Más tarde, los romanos desarrollaron el **calendario juliano**, introducido por Julio César en el año 45 a. C. Este calendario tenía 365 días al año, con un día bisiesto añadido cada cuatro años para compensar el cuarto de día extra que sobraba cada año. Sin embargo, el calendario juliano no era perfecto: se pasaba unos 11 minutos por año. Con los siglos, estos pequeños errores se acumularon y el calendario se fue desajustando con respecto a las estaciones.

Para arreglar este problema, en 1582 el papa Gregorio XII introdujo un sistema nuevo: el **calendario gregoriano**, que es el que usa la mayor parte del mundo hoy en día. El calendario gregoriano hizo una corrección pequeña pero importante: mantuvo el año bisiesto cada cuatro años, pero lo eliminó en los años que son exactamente divisibles por 100, a menos que también sean divisibles por 400. Esto mantiene el calendario muy cerca de la órbita real de la Tierra alrededor del Sol.

Ilustración 16: Calendario romano – Crédito: Kleuske

El calendario actual tiene 12 meses, y la mayoría tienen 30 o 31 días, excepto febrero, que suele tener 28 días o 29 en un año bisiesto. Nuestro año se basa en el ciclo solar, manteniendo nuestras estaciones —primavera, verano, otoño e invierno— en su lugar correcto. Sin embargo, incluso con todo el trabajo para mantener los calendarios sincronizados con los movimientos de la Tierra, pequeños desajustes aún pueden colarse.

Segundos intercalares

Un **segundo intercalar** es un ajuste especial que se hace para mantener nuestros relojes sincronizados con los movimientos naturales de la Tierra. Aunque definimos el segundo con muchísima precisión usando relojes atómicos, la rotación de la Tierra no es perfectamente regular. Puede acelerarse o frenarse un poquito por cosas como la fuerza de la Luna, los terremotos o incluso cambios en las corrientes oceánicas.

Debido a estos pequeños cambios, el tiempo medido por la rotación de la Tierra (llamado **Tiempo Universal**) a veces se separa del tiempo medido por los relojes atómicos (llamado **Tiempo Atómico Internacional**). Para corregir esto, los científicos añaden un segundo intercalar al Tiempo Universal.

Los segundos intercalares los decide un grupo llamado **Servicio Internacional de la Rotación de la Tierra y Sistemas de Referencia (IERS)**. Ellos miden con mucho cuidado la diferencia entre el tiempo atómico y la rotación de la Tierra. Cuando la diferencia se acerca a 0,9 segundos, anuncian que se añadirá un segundo intercalar.

Ilustración 17: Segundo intercalar

Normalmente, los segundos intercalares se añaden al final del 30 de junio o del 31 de diciembre. Cuando se añade un segundo intercalar, el reloj marca 23:59:60 antes de pasar a 00:00:00. Este pequeño segundo extra ayuda a mantener el Tiempo Universal, el que usamos en la vida diaria, en línea con el ritmo natural de la Tierra.

Los segundos intercalares son poco frecuentes. Desde que se introdujeron en 1972, solo se han añadido unas pocas decenas.

Hora del día

Los primeros "relojes" no eran máquinas. Hace miles de años, civilizaciones antiguas, como la egipcia, usaban **relojes de sol**, que medían el tiempo por la sombra del Sol moviéndose sobre una superficie marcada. Los relojes de sol funcionaban bien en días soleados, pero eran inútiles de noche o con cielo nublado.

Para saber la hora cuando el Sol no se veía, la gente inventó los **relojes de agua**, también llamados **clepsidras**. Estos aparatos medían el tiempo por el flujo constante de agua de un recipiente a otro. Los antiguos egipcios y griegos usaban relojes de agua para medir discursos y actividades nocturnas.

Después, las personas crearon los **relojes mecánicos**. Hacia los años 1300, se construyeron grandes relojes mecánicos en ciudades europeas, a menudo colocados en torres de iglesias. Estos relojes usaban engranajes, pesas y brazos oscilantes para contar el tiempo. Sin embargo, no eran muy precisos comparados con los de hoy: a veces adelantaban o atrasaban horas en un solo día.

Antes de que se inventaran los relojes mecánicos

Usar las manos

Las personas inventaron varios métodos para saber la hora del día según la posición del Sol. Por ejemplo, algunos grupos nativos de América usaban un método sencillo pero ingenioso para estimar cuánto tiempo faltaba para la puesta de sol usando sus manos.

Extendían el brazo hacia adelante, con la palma mirando hacia ellos, y "apilaban" los dedos entre el horizonte y el Sol. Cada dedo representaba aproximadamente quince minutos de tiempo. Contando cuántos dedos cabían entre el Sol y el horizonte, podían estimar cuánto faltaba para el atardecer. Este método práctico les permitía planear sus actividades sin necesidad de relojes, confiando en la observación cuidadosa del mundo natural.

Sombras en el suelo

Antes de que existieran los relojes mecánicos, la gente usaba el movimiento de las sombras para medir el tiempo durante el día. Este método funciona porque, a medida que la Tierra gira, cambia la posición aparente del Sol en el cielo. Conforme se mueve el Sol, la longitud y la dirección de las sombras en el suelo también cambian de formas predecibles.

Cuando el Sol sale por el este, las sombras se alargan hacia el oeste. A medida que el Sol sube en el cielo, las sombras se acortan. Alrededor del mediodía, cuando el Sol está más alto, las sombras son más cortas. Después del mediodía, cuando el Sol baja hacia el oeste, las sombras vuelven a alargarse, esta vez hacia el este.

Incluso sin un reloj de sol, un observador experimentado podía saber aproximadamente la hora observando cómo cambiaban las sombras durante el día. El estudio cuidadoso de las sombras ayudó a muchas civilizaciones antiguas a organizar mejor sus jornadas y planear actividades importantes. Este truco

Ilustración 18: Palo que proyecta una sombra en el suelo

sencillo condujo a la invención de los relojes de sol. *Prueba la* **Actividad del reloj de palitos** *en la página 68.*

Relojes de sol

El reloj de sol se usó en muchas culturas, incluyendo las de Oriente Medio, el norte de África, China, la India asiática, los mayas y Europa. Un reloj de sol tiene una base con marcas para indicar la hora del día y un **gnomon**.

Para que un reloj de sol funcione, el gnomon debe apuntar hacia el **norte verdadero**, la dirección hacia el Polo Norte. Además, el gnomon debe inclinarse según la latitud (la distancia respecto al ecuador) del lugar donde está el reloj de sol.

Para usar un reloj de sol, se observa dónde cae la sombra del gnomon sobre la base. Si las marcas del reloj de sol son precisas, se puede leer la hora aproximada del día.

Ilustración 19: Reloj de sol

Prueba la **Actividad del reloj de sol** *en la página 70.*

Observar el comportamiento de los animales

Mucho antes de que existieran los relojes, la gente miraba a la naturaleza para entender el paso del tiempo. Un método útil era observar el comportamiento diario de los animales. Muchos animales siguen ritmos naturales ligados al ciclo de día y noche. Prestando atención a estos patrones, las personas podían estimar la hora del día.

Por ejemplo, los gallos son famosos por cantar temprano en la mañana, a menudo justo antes del amanecer. Oír el canto de un gallo era señal de que un nuevo día estaba por empezar.

Ilustración 20: Gallo anunciando el amanecer

Capítulo 2 – ¿Cómo medimos el tiempo?

Las aves también dan pistas. Muchas aves canoras, como los petirrojos y los gorriones, cantan con más energía al amanecer y en las primeras horas de la mañana. Sus cantos matutinos ayudaban a la gente a saber que el día apenas comenzaba.

Otros animales muestran patrones claros al atardecer. Los grillos, por ejemplo, comienzan a chirriar más a menudo cuando el aire se enfría al ponerse el Sol. Escuchar el chirrido constante de los grillos era una forma natural de saber que se acercaba la noche.

Incluso el ganado, como las vacas y las ovejas, puede servir para "sentir" la hora. Las vacas suelen reunirse cerca del anochecer cuando se preparan para regresar a los establos. Los granjeros aprendieron a notar estos hábitos para organizar su trabajo diario.

Observando con cuidado las costumbres naturales de los animales, las personas pudieron llevar la cuenta del tiempo sin ninguna herramienta. La naturaleza les ofrecía un reloj vivo y en movimiento.

Reloj de arena

Mucho antes de que los teléfonos vibraran o los relojes hicieran "bip", la gente medía el tiempo con arena que fluía. Una de las herramientas más elegantes y fiables que usaban era el **reloj de arena**.

Un reloj de arena es un medidor de tiempo formado por dos ampollas de vidrio unidas por un paso estrecho, como una cintura. Dentro, una cantidad medida de arena fina se guarda en la parte superior. Cuando se voltea el **reloj de arena**, la arena empieza a caer, grano a grano, hacia la ampolla inferior.

El reloj de arena funciona gracias a la gravedad, la fuerza que tira de las cosas hacia abajo. La arena fluye por el estrecho del centro a un ritmo constante, porque solo puede pasar cierta cantidad de granos por la abertura diminuta al mismo tiempo. Esto crea un flujo muy predecible, lo que permite medir el tiempo con una precisión sorprendente.

Ilustración 21: Reloj de arena

Cuando toda la arena ha pasado de la parte superior a la inferior, ha transcurrido una cierta cantidad de tiempo: normalmente una hora, treinta minutos o solo unos minutos, según el diseño.

Para usar el reloj de arena de nuevo, basta con darle la vuelta, y la arena inicia otra vez su viaje.

Durante muchos siglos, marineros, monjes y científicos usaron relojes de arena. En los barcos eran especialmente útiles porque no dependían de la luz del Sol ni de llamas. Los monjes los utilizaban para medir la duración de sus oraciones. En talleres y cocinas, la gente usaba pequeños relojes de arena para cronometrar discursos, recetas o incluso juegos.

Incluso hoy puedes encontrar pequeños relojes de arena en juegos de mesa, aulas o como decoración; son símbolos hermosos del tiempo que se desliza silenciosamente.

El reloj de arena nos recuerda que el tiempo fluye en una sola dirección: del futuro al presente, y de ahí al pasado. Igual que la arena que cae, el tiempo no puede empujarse hacia atrás. Puedes girar el reloj de arena, pero nunca vuelve al mismo momento: simplemente empieza de nuevo.

Dato curioso: ¡Algunos relojes de arena no usan arena! Algunos usan polvo de mármol, cuentas de vidrio o incluso líquidos. Lo que más importa es que el flujo sea uniforme, no el material exacto.

Prueba la **Actividad del reloj de arena** *en la página 71.*

Relojes de agua (clepsidras)

Un **reloj de agua**, también llamado **clepsidra**, es una de las herramientas más antiguas que los seres humanos usaron para medir el tiempo. Funciona utilizando el flujo constante de agua para seguir el paso de los minutos y las horas.

La idea básica de un reloj de agua es sencilla. El agua gotea o fluye lentamente de un recipiente a otro. Midiendo con cuidado cuánta agua pasa de un recipiente al otro, la gente podía saber cuánto tiempo había transcurrido. Algunas clepsidras tenían marcas en el interior de un recipiente para señalar distintos intervalos de tiempo a medida que el nivel del agua subía o bajaba.

Diferentes civilizaciones construyeron distintos tipos de relojes de agua. En el Antiguo Egipto y en Babilonia, se usaban para medir el tiempo por la noche, cuando los relojes de sol no podían funcionar. En la

Antigua Grecia, los relojes de agua ayudaban a que los discursos en los tribunales fueran justos, limitando el tiempo que alguien podía hablar. En China, se desarrollaron relojes de agua más complejos con engranajes y ruedas para medir periodos de tiempo más largos.

Los relojes de agua tenían que construirse con mucho cuidado. Si el agujero era demasiado grande o demasiado pequeño, el agua fluiría demasiado rápido o demasiado lento, y el reloj sería impreciso. La temperatura y la humedad también podían afectar cómo fluía el agua.

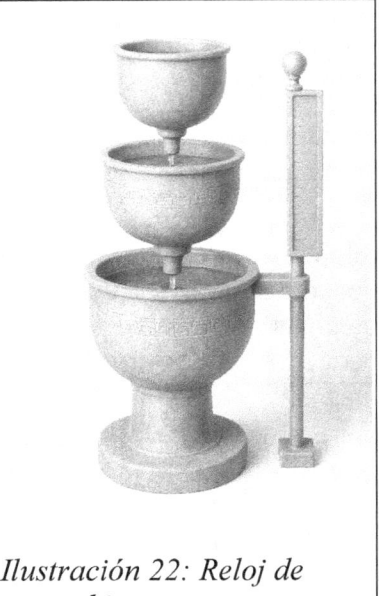

Ilustración 22: Reloj de agua chino

Aunque los relojes de agua no eran tan precisos como los relojes modernos, fueron un paso importante para ayudar a la gente a dividir el día en partes más pequeñas y predecibles. Mostraron que el tiempo se podía medir con cuidado, y no solo adivinar por la posición del Sol o la longitud de una sombra.

Prueba la **Actividad del reloj de agua** *en la página 75.*

Relojes de vela

Un **reloj de vela** es una forma sencilla pero ingeniosa de medir el tiempo. Se usaba mucho antes de que existieran los relojes mecánicos. Así es cómo funciona:

Un reloj de vela es simplemente una vela fabricada para arder a un ritmo constante, siempre a la misma velocidad. Eso significa que se derrite y se acorta a un ritmo uniforme. Antes de encender la vela, la gente marcaba su costado con líneas, dividiéndola en secciones iguales. Por ejemplo, si una vela estaba hecha para arder durante seis horas, podía tener seis marcas, cada una indicando que había pasado una hora.

Ilustración 23: Reloj de vela

Cuando se encendía la vela, la llama iba derritiendo la cera poco a poco. A medida que la vela se consumía y la llama pasaba cada marca, mostraba que había transcurrido cierta cantidad de tiempo. Algunos relojes de vela incluso tenían pequeñas bolitas de metal dentro de la cera. Cuando la llama derretía la cera alrededor de una de esas bolitas, la bolita caía sobre una bandeja metálica, produciendo un sonido que señalaba el paso del tiempo.

Los relojes de vela se usaban a menudo en interiores, especialmente de noche, cuando otras formas de medir el tiempo, como la sombra del Sol, no eran posibles. Eran útiles para controlar la duración de reuniones, oraciones o jornadas de trabajo.

*Prueba la **Actividad del reloj de vela** en la página 73.*

Relojes de incienso

Un **reloj de incienso** es una manera muy interesante que usaban las personas en la antigüedad para medir el tiempo, especialmente en China y Japón. Así funcionaba:

El reloj de incienso utilizaba una varilla o espiral especial de incienso que ardía a un ritmo constante y conocido. El incienso es una sustancia que huele bien

Ilustración 24: Reloj de incienso chino

cuando se quema y produce humo mientras se consume lentamente. La gente fabricaba varillas o espirales de incienso marcadas con líneas o con formas especiales para que el tiempo que tardaba en quemarse de un punto a otro pudiera medirse con cuidado.

Algunos relojes de incienso eran varillas rectas colocadas sobre una superficie, con pequeños marcadores de metal u otros materiales en ciertos puntos. Cuando el fuego del incienso alcanzaba uno de esos marcadores, lo hacía caer sobre una bandeja metálica, produciendo un sonido suave que indicaba que había pasado una cierta cantidad de tiempo.

Otros relojes de incienso tenían forma espiral, como la concha de un caracol. Estos podían arder durante muchas horas y, a medida que la llama recorría el camino en espiral, las personas podían saber cuánto tiempo había pasado observando cuánto se había consumido el incienso.

Los relojes de incienso eran útiles porque funcionaban bien en interiores, olían agradablemente y eran silenciosos y suaves en comparación con otros tipos de relojes. Se usaban a menudo en templos, hogares e incluso durante ceremonias importantes para llevar el conteo de las horas.

Posición de las estrellas por la noche

De noche, se puede saber la hora observando cómo se mueven las estrellas por el cielo. Las estrellas parecen moverse porque la Tierra gira. Si sabes dónde se supone que deben estar ciertas estrellas, puedes usarlas como un reloj gigante.

Ilustración 25: Estrellas en la noche

Una de las estrellas más importantes para saber la hora es **Polaris**, también llamada la Estrella Polar. Casi no se mueve, porque está casi directamente sobre el Polo Norte de la Tierra. Para encontrar Polaris, puedes usar la Osa Mayor (el "Carro"), un grupo de estrellas que se parece a una cuchara. Las dos estrellas del borde del "cazo" de la Osa Mayor apuntan casi directamente hacia Polaris.

Una vez que encuentras Polaris, puedes imaginar todo el cielo girando a su alrededor, como las agujas de un reloj. La Osa Mayor gira alrededor de Polaris una vez cada 24 horas. Por la tarde, la Osa Mayor puede estar baja en el cielo del norte. Más tarde en la noche, estará más alta o incluso "al revés". La posición de la Osa Mayor te dice cuántas horas han pasado desde que empezó la noche.

En el hemisferio sur, la gente usa un método diferente. Buscan la **Cruz del Sur**, un grupo de estrellas con forma de cometa o cometa-papalote. Imaginan una línea que va desde la Cruz del Sur hacia el horizonte sur. La inclinación de la Cruz del Sur ayuda a estimar la hora, de forma parecida a como la Osa Mayor lo hace en el norte.

Este método no es tan exacto como un reloj, pero puede darte una buena idea de la hora, ¡especialmente si practicas!

Relojes mecánicos

En los años 1200, en Europa, se inventaron los primeros **relojes mecánicos**. Estos relojes usaban pesas pesadas, engranajes y un dispositivo llamado **escape** para medir el tiempo. El escape controlaba el movimiento de los engranajes, asegurando que el tiempo avanzara de manera uniforme, tic por tic.

Al principio, los relojes mecánicos eran grandes y se construían dentro de torres. Tocaban campanas para anunciar cada hora, de modo que todo el pueblo pudiera oírlos. Estos relojes todavía no tenían esfera ni agujas. Solo producían campanadas.

Más tarde, hacia los años 1300, los relojeros empezaron a añadir esferas y agujas horarias. Para los años 1600 también añadieron las agujas de los minutos. Ahora la gente podía *ver* la hora, no solo oírla.

Ilustración 26: Reloj impulsado por pesas

Relojes de péndulo: un salto gigante

En 1656, un científico neerlandés llamado **Christiaan Huygens** inventó el reloj de péndulo. Un péndulo es un peso que se balancea. Huygens descubrió que un péndulo oscila de un lado a otro con un ritmo muy regular. Al conectar un péndulo a un reloj mecánico, hizo que los relojes fueran mucho más precisos: perdían solo segundos al día en lugar de minutos.

Los relojes de péndulo se volvieron muy populares, especialmente en iglesias, edificios oficiales y casas de gente adinerada.

Ilustración 27: Reloj de péndulo de Christiaan Huygens

Relojes de muelle: el tiempo se vuelve portátil

Poco después de los relojes de péndulo, los inventores crearon los **relojes de muelle**. En lugar de usar pesas pesadas, estos relojes funcionaban con muelles enrollados. Esto los hacía más pequeños y portátiles. En los siglos XVIII y XIX, la gente podía tener relojes

Capítulo 2 – ¿Cómo medimos el tiempo?

personales en casa y, más tarde, pequeños relojes de bolsillo para llevar encima.

Relojes eléctricos: tiempo con energía

En el siglo XIX, la electricidad empezó a cambiar el mundo. Y también cambió los relojes. Los primeros **relojes eléctricos** usaban pequeños motores eléctricos para mover los engranajes. Algunos usaban la electricidad para mantener un péndulo en movimiento. Estos relojes eran aún más precisos y más fáciles de reparar.

Relojes de cuarzo: una revolución cristalina

En 1927, los científicos desarrollaron el **reloj de cuarzo**. El cuarzo es un tipo de cristal. Cuando una corriente eléctrica pasa a través del cuarzo, este vibra a un ritmo muy constante, como un minúsculo latido. Los relojes de cuarzo usan estas vibraciones para medir el tiempo.

Son extremadamente precisos y solo pierden unos pocos segundos al mes. Hoy, muchos relojes y relojes de pulsera, incluso los digitales, usan tecnología de cuarzo.

Relojes atómicos: los maestros del tiempo

En el corazón de nuestros medidores de tiempo más precisos se esconde un secreto: el ritmo del propio universo. Los **relojes atómicos** son los relojes más exactos que se han creado, y no usan engranajes, muelles ni péndulos. En lugar de eso, miden el tiempo utilizando la danza invisible de los átomos.

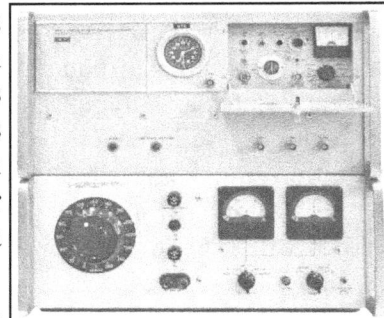

Ilustración 28: Reloj atómico – Crédito: Museumsfoto

En el núcleo de cada átomo hay una parte diminuta llamada **núcleo**, rodeada de partículas aún más pequeñas llamadas **electrones**. Estos electrones pueden saltar entre niveles de energía y, cuando lo hacen, absorben o liberan energía en forma de microondas. En un tipo particular de átomo, el cesio-133, estos saltos, o vibraciones, ocurren a un ritmo curiosamente constante: **9.192.631.770 veces por segundo**. Este número es tan exacto que los científicos decidieron definir un segundo como el tiempo que tardan en ocurrir tantas vibraciones en un átomo de cesio.

Un reloj atómico funciona contando estas vibraciones, como un tambor invisible y perfecto. En lo más profundo del reloj, los átomos de cesio se guían hacia una cámara donde se exponen a microondas. Si la frecuencia de las microondas coincide con el ritmo natural de los átomos, ocurre una reacción especial y el reloj se ajusta para mantenerse en perfecta sintonía con el átomo.

Estos relojes son tan precisos que solo perderían aproximadamente un segundo cada 100 millones de años. Gracias a esta increíble exactitud, los relojes atómicos se usan en satélites de GPS, misiones al espacio profundo y estándares internacionales de tiempo. Sin ellos, la navegación moderna, la ciencia y las comunicaciones se irían desajustando poco a poco.

Los relojes atómicos nos recuerdan que el tiempo está escrito en el lenguaje de los átomos, las mismas partículas que forman las estrellas, los planetas e incluso a nosotros mismos. Escondido en sus latidos constantes hay una especie de "latido cósmico" que susurra el verdadero ritmo del tiempo.

Capítulo 3 – El tiempo se vuelve raro

El tiempo es relativo

El tiempo parece sencillo, tic-tac, segundo a segundo, pero los científicos han descubierto que el tiempo no siempre es igual para todo el mundo ni en todas partes. Esta idea extraña se llama **relatividad del tiempo**. Significa que el tiempo puede ir más rápido o más lento según la velocidad a la que te mueves o la fuerza de la gravedad donde estás.

Ilustración 29: Relatividad del tiempo

La relatividad del tiempo fue explicada por primera vez por Albert Einstein en sus teorías de la **relatividad especial** y la **relatividad general**. La relatividad especial dice que, cuando te mueves muy deprisa, casi a la velocidad de la luz, el tiempo para ti se vuelve más lento comparado con alguien que está quieto. La relatividad general añade que la gravedad también puede afectar al tiempo: cuanto más fuerte es la gravedad, más despacio pasa el tiempo.

Los científicos se preguntaron: ¿se puede demostrar esto de verdad? Para averiguarlo, diseñaron experimentos que medían cambios diminutos en la forma en que pasa el tiempo bajo distintas condiciones. Aquí tienes tres experimentos importantes:

El experimento Hafele–Keating (1971)

En este experimento, dos científicos, Joseph Hafele y Richard Keating, usaron relojes atómicos. Llevaron estos relojes a dar la vuelta al mundo en aviones comerciales, unos volando hacia el este y otros hacia el oeste, mientras dejaban otros relojes atómicos en tierra.

Ilustración 30: Experimento Hafele–Keating

Cuando los aviones aterrizaron, los relojes de los aviones no coincidían con los relojes del suelo. Los relojes que habían volado hacia el este **perdieron** tiempo en comparación con los relojes de tierra. El reloj que había volado hacia el oeste **ganó** tiempo respecto a los relojes del suelo. Esto demostró que moverse a altas velocidades cambia el flujo del tiempo, tal como Einstein había predicho.

Gravedad y tiempo: relojes en las montañas

Los científicos también pusieron a prueba cómo afecta la gravedad al tiempo. Colocaron relojes atómicos en la cima de altas montañas y los compararon con relojes al nivel del mar. Como la gravedad es más débil a mayor altura, el tiempo en los relojes de la montaña avanzaba un poquito más rápido que en los relojes del suelo.

Aunque la diferencia era diminuta, demostró que la gravedad realmente ralentiza el tiempo cuando es más fuerte. Este descubrimiento asombroso ayuda a explicar por qué los relojes de los satélites

Ilustración 31: Reloj atómico en una montaña

que orbitan la Tierra tienen que ajustarse para mantenerse sincronizados con los relojes del suelo.

Observando muones

Otra prueba viene de unas partículas llamadas **muones**, que se crean cuando rayos cósmicos del espacio chocan con la atmósfera de la Tierra. Los muones suelen desaparecer (o desintegrarse) muy rápidamente. Si el tiempo se comportara de forma "normal" para ellos, se desintegrarían antes de llegar al suelo.

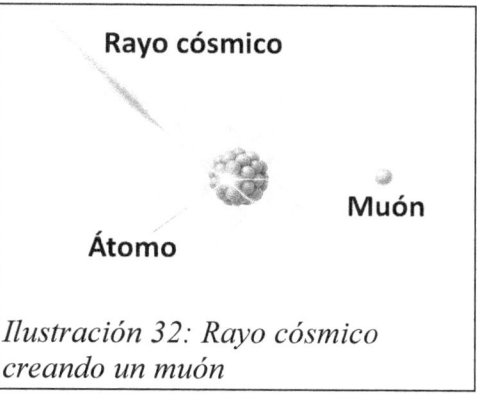

Ilustración 32: Rayo cósmico creando un muón

Pero los muones se mueven casi a la velocidad de la luz. Debido a esa velocidad enorme, el tiempo **se ralentiza** para ellos comparado con el tiempo en la Tierra. Esto permite que muchos muones sobrevivan el tiempo suficiente como para ser detectados por científicos en el suelo, dando otra demostración de que el movimiento rápido cambia el tiempo.

Gracias a estos experimentos, ahora sabemos que el tiempo no es un reloj rígido que hace tic-tac igual para todo el mundo. Es flexible y puede estirarse o encogerse según la velocidad y la gravedad. La relatividad del tiempo es uno de los descubrimientos más alucinantes de toda la ciencia y nos muestra que el universo es mucho más extraño y maravilloso de lo que parece a primera vista.

La idea de que el tiempo es relativo, de que puede ir más rápido o más lento según la velocidad y la gravedad, tiene consecuencias increíbles tanto para la ciencia como para la vida diaria. Aunque no notamos que el tiempo cambie cuando caminamos por ahí, los efectos de la relatividad se vuelven muy importantes cuando las cosas se mueven muy deprisa o cuando la gravedad es muy fuerte.

Porque el tiempo es relativo…

Aquí tienes algunos lugares y situaciones en los que la relatividad del tiempo marca la diferencia:

Satélites GPS

Los satélites del Sistema de Posicionamiento Global (GPS) orbitan la Tierra a gran velocidad y a mucha altura.

Ilustración 33: Satélite GPS

Como se mueven rápidamente y están más lejos de la gravedad fuerte de la Tierra, sus relojes funcionan de manera ligeramente distinta a los relojes del suelo.

Si los científicos no corrigieran la relatividad del tiempo, las señales de GPS se desviarían varios kilómetros cada día. Gracias a las teorías de Einstein y a ajustes muy cuidadosos, los sistemas GPS pueden decirte dónde estás, ya sea haciendo senderismo en un bosque o viajando en coche, con una precisión impresionante. (Lee más sobre el GPS en la página 27.)

Cerca de agujeros negros

Los agujeros negros son lugares del espacio donde la gravedad es increíblemente fuerte, tan fuerte que ni siquiera la luz puede escapar. Cerca de un agujero negro, el tiempo se ralentizaría muchísimo comparado con un lugar lejano.

Ilustración 34: Agujero negro

Si pudieras mantenerte a salvo cerca de un agujero negro (cosa que hoy no podemos hacer), podrías sentir que solo pasan unos minutos mientras que, para alguien muy lejos, podrían pasar años. Esta ralentización extrema del tiempo aparece en muchas películas de ciencia ficción, pero también es una predicción real de la teoría de la relatividad de Einstein.

Viajes espaciales a altas velocidades

Si los astronautas pudieran viajar cerca de la velocidad de la luz, experimentarían el tiempo de forma distinta a las personas que se quedaran en la Tierra.

Por ejemplo, un astronauta podría hacer un viaje que, para él o ella, pareciera durar solo unos pocos años, pero cuando regresara, en la Tierra podrían haber pasado décadas. Este efecto extraño se llama **dilatación del tiempo**. Aunque todavía no tenemos naves que viajen casi a la velocidad de la luz, los científicos creen que, si algún día es posible, la relatividad del tiempo será muy importante para planear misiones largas a otras estrellas.

El universo temprano

Justo después del Big Bang, el evento que dio origen al universo, todo era extremadamente caliente, denso y se movía muy deprisa. En esas condiciones extremas, la relatividad del tiempo jugó un papel muy importante en cómo el universo joven creció y cambió.

Los científicos usan lo que saben sobre la relatividad para entender cómo se formaron las galaxias y cómo el universo llegó a ser como es hoy.

En la vida diaria no sentimos que el tiempo se mueva de forma distinta. Pero en el espacio, cerca de agujeros negros, en viajes a gran velocidad e incluso en la tecnología que usamos todos los días, la relatividad del tiempo es muy real y muy importante.

El descubrimiento de Einstein nos recuerda que el universo está lleno de sorpresas y que el propio tiempo es mucho más misterioso y flexible de lo que jamás imaginamos.

Cómo funciona el GPS

Imagina que estás perdido en un bosque gigantesco y tienes un mapa mágico que siempre sabe exactamente dónde estás. Eso es más o menos lo que hace el GPS, solo que es real y no magia.

GPS significa **Sistema de Posicionamiento Global**. Funciona usando satélites, grandes relojes que flotan muy por encima de la Tierra, en el espacio. Hay unos 30 satélites GPS orbitando el planeta todo el tiempo. Piénsalos como relojes brillantes que envían señales de radio mientras se mueven por el cielo.

Cada satélite es como una radio gigante que envía constantemente señales invisibles diciendo: «¡Aquí estoy! ¡Esta es la hora exacta ahora mismo!». Usando esa hora, tu dispositivo calcula cuánto ha tardado la señal en llegar a tu móvil. Eso le dice a tu GPS a qué distancia está el satélite.

Pero aquí está el truco: no escucha a un solo satélite, sino al menos a **cuatro** al mismo tiempo.

Cada señal le dice a tu dispositivo a qué distancia está ese satélite, como adivinar a qué distancia está una voz en una habitación oscura. Usando matemáticas llamadas **triangulación** (en realidad, trilateración), tu dispositivo calcula dónde tienes que estar tú según lo que tardaron las señales en llegar.

Aquí tienes una explicación ilustrada de cómo funciona el GPS:

El sistema GPS funciona porque los satélites tienen relojes extremadamente precisos en su interior, **relojes atómicos**, que miden el tiempo con tanta exactitud que solo se equivocarían en aproximadamente un segundo cada millones de años. Si la medición del tiempo fuera siquiera un poquito incorrecta, tu posición podría desviarse kilómetros.

Así que, gracias a un cielo lleno de relojes-espaciales-de-radio, a unas matemáticas poderosas y a tu pequeño dispositivo inteligente, puedes saber dónde estás con gran precisión, casi en cualquier lugar de la Tierra.

El tiempo puede doblarse y estirarse

Cuando oyes la palabra "doblar", seguramente piensas en algo como una rama o una pajita flexible. Sorprendentemente, el tiempo, algo que solemos imaginar recto y estable, también puede doblarse. Los científicos llaman a este comportamiento extraño **curvatura del tiempo**, y es una de las ideas más importantes de las teorías de la relatividad de Albert Einstein.

Pero ¿cómo puede doblarse el tiempo, si es invisible? Para entenderlo, primero tenemos que pensar en dos cosas: la **velocidad** y la **gravedad**.

El tiempo se dobla cuando te mueves muy deprisa

Cuando vas en bici o en coche, sabes que te estás moviendo por el espacio: viajas de un lugar a otro. Pero quizá no te das cuenta de que también te estás moviendo por otra cosa: **el tiempo**.

Y cuando te mueves muy deprisa, casi a la velocidad de la luz, pasa algo extraño: el tiempo se dobla y se estira.

Ilustración 35: Dilatación del tiempo a gran velocidad

Esta idea sorprendente viene de la teoría especial de la relatividad de Einstein, que publicó en 1905. Nos dice que el tiempo no se comporta igual para todo el mundo, especialmente cuando personas u objetos se mueven a velocidades muy altas.

¿Qué significa que el tiempo se estire?

Ilustración 36: Tiempo estirado

Imagina dos gemelos. Uno se queda en la Tierra y el otro se sube a una nave espacial que viaja cerca de la velocidad de la luz.

- Para el gemelo que se queda en la Tierra, el tiempo pasa "normal": los días van pasando uno tras otro.
- Para el gemelo de la nave, el tiempo va más despacio.

Cuando el gemelo viajero vuelve a la Tierra, puede que solo haya envejecido unos pocos años, mientras que el gemelo que se quedó en casa haya envejecido décadas.

Para el gemelo viajero, el tiempo dentro de la nave se sentía normal. Pero, comparado con la Tierra, su reloj se estiró: avanzó más despacio. A este efecto extraño lo llamamos **dilatación del tiempo**.

A velocidades normales, como correr, conducir o volar en avión, el estiramiento es tan, tan pequeño que no lo notamos. Pero a velocidades cercanas a la de la luz, el estiramiento se hace gigantesco. Prueba la **Actividad del par de gemelos** en la página *57*.

¿Por qué se estira el tiempo a altas velocidades?

Según Einstein, la velocidad de la luz es lo más rápido que puede viajar cualquier cosa.

Las leyes de la naturaleza se "aseguran" de que, vayas como vayas, la velocidad de la luz sea siempre la misma para todos. Para que eso sea posible, cuando te mueves más deprisa:

- Las distancias pueden encogerse.
- La masa puede aumentar.
- El tiempo puede estirarse.

Este estiramiento del tiempo es la forma que tiene la naturaleza de mantener todo en equilibrio.

Consecuencias del estiramiento del tiempo

Viajar a estrellas lejanas: si los humanos llegaran a construir naves que viajasen casi a la velocidad de la luz, los astronautas podrían hacer viajes largos a otras estrellas.

> Para ellos, el viaje podría durar solo unos pocos años.
>
> Pero, al volver a la Tierra, ¡podrían haber pasado miles de años aquí!

Eso significa que los viajes espaciales a gran velocidad podrían permitirnos visitar partes muy lejanas de la galaxia, pero con un coste extraño: dejar atrás el mundo que conocíamos. (Prueba la Actividad del par de gemelos en la página 58).

Proteger naves y equipos espaciales: cuando las partículas del espacio, llamadas **rayos cósmicos**, viajan cerca de la velocidad de la luz, el tiempo se estira para ellas. Por eso podemos detectar ciertas partículas rápidas que, en teoría, deberían desintegrarse muy pronto. Los científicos tienen que tener en cuenta la dilatación del tiempo al diseñar naves y satélites, sobre todo si van a estar expuestos a partículas de alta velocidad.

Comprender el universo: el estiramiento del tiempo ayuda a los científicos a entender cómo se comporta el universo. Explica por qué algunas partículas viven más de lo esperado, por qué los satélites GPS necesitan ajustes especiales en sus relojes e incluso cómo se comportan los agujeros negros y otros objetos cósmicos en condiciones extremas.

Conclusión

Cuando los objetos se mueven muy deprisa, cerca de la velocidad de la luz, el tiempo se estira para ellos. Para alguien que está quieto, el reloj en movimiento marca más despacio.

Este descubrimiento increíble nos muestra que el tiempo no es algo rígido e inmutable. Puede estirarse y doblarse según lo rápido que te muevas. El estiramiento del tiempo cambia cómo entendemos los viajes espaciales, los sucesos cósmicos e incluso el futuro de la exploración humana del universo.

El tiempo se dobla cuando la gravedad es fuerte

La teoría general de la relatividad de Einstein mostró que la gravedad también puede doblar el tiempo.

La gravedad es la fuerza que hace que los objetos se atraigan entre sí. Cuanto más masivo es un objeto (como un planeta, una estrella o un agujero negro), más fuerte es su gravedad.

Cuando estás cerca de algo muy masivo, la gravedad fuerte hace que el tiempo a tu alrededor vaya más despacio.

Por ejemplo:

Ilustración 37: El tiempo se frena bajo la gravedad

> Si estuvieras de pie en una montaña muy alta, el tiempo pasaría un poquito más rápido para ti que para alguien al nivel del mar, porque la gravedad es ligeramente más débil ahí arriba.

> Cerca de un agujero negro, donde la gravedad es increíblemente fuerte, el tiempo se ralentizaría tanto que podría parecer casi congelado para alguien que mirara desde muy lejos.

Los científicos suelen decir que la gravedad curva el espacio y el tiempo a la vez. A esta combinación la llaman **espaciotiempo**. Imagina el espaciotiempo como una sábana de goma muy suave. Si pones una bola pesada encima, la sábana se hunde y se curva. De forma parecida, los objetos masivos curvan el espaciotiempo, y al curvar el espaciotiempo también doblan el tiempo.

Conclusión

La curvatura del tiempo no es solo ciencia ficción, es una parte real de cómo funciona el universo.

> Cuando te mueves muy deprisa, el tiempo se ralentiza para ti.

> Cuando estás cerca de algo muy masivo, el tiempo también se ralentiza.

Gracias a los descubrimientos de Einstein, ahora sabemos que el tiempo no es un río recto y sencillo que fluye a la misma velocidad para todos. Es una especie de tejido misterioso y flexible que se dobla, se estira y baila por todo el universo.

¿Es el tiempo solo parte de una simulación?

En *Matrix*, Neo, interpretado por Keanu Reeves, descubre algo alucinante: el mundo que conoce —su casa, su trabajo, incluso el sabor de los cereales— no es real. Es un programa informático. Su mente está enchufada a un sueño digital mientras su cuerpo real está en otro lugar, siendo usado como batería por una inteligencia artificial. Es una aventura llena de kung-fu, patadas a cámara lenta y preguntas profundas sobre qué es real.

Ilustración 38: ¿Es el tiempo una simulación?

Y aquí viene lo realmente raro: algunos científicos de la vida real piensan que algo parecido podría ser verdad. Esta idea se llama la **Hipótesis de la simulación**, y aunque suena a ciencia ficción, algunos de los pensadores más brillantes del mundo se la toman en serio.

La Hipótesis de la simulación no dice que haya robots malvados convirtiéndonos en pilas (¡menos mal!). Ni siquiera dice que tengamos que tener cuerpo. En vez de eso, hace una pregunta más grande:

> ¿Y si todo lo que vemos, sentimos y creemos forma parte de una simulación superavanzada creada por una inteligencia superior?

Imagina un superordenador tan potente que pueda crear personas, planetas y pizzas... y hacer que todo parezca real. No notaríamos la diferencia, porque nunca habríamos salido de la simulación para comparar. Todo nos parecería real, pero podría ser solo datos.

Y aquí es donde entra el tiempo: si estuviéramos en una simulación, el tiempo mismo podría estar programado. El tic-tac de los relojes, el cambio de las estaciones, la forma en que envejecemos y soñamos...

todo podría ser un programa informático, una pieza de código muy lista creada para que la simulación funcione bien.

Quizá el tiempo solo avance cuando "alguien mira". Quizá se mueva de forma distinta en diferentes partes de la simulación. O quizá sea solo un deslizador en un menú de ajustes cósmico.

No sabemos si estamos en una simulación, y puede que nunca lo sepamos. Pero la idea nos hace hacer preguntas enormes:

- «¿Qué es real?»
- «¿Por qué funciona el universo como funciona?»
- Y: «¿Podría todo lo que conocemos, incluso el tiempo, formar parte de un programa mucho más grande?»

¿Misterio? Sin duda. ¿Imposible? Tal vez no.

El tiempo no puede deshacerse

La mayoría de los científicos están de acuerdo en que el tiempo avanza y no puede deshacerse. Cuando tiras un vaso de leche, no salta mágicamente de vuelta al vaso. Cuando una vela arde, la cera derretida no sube sola para convertirse en una vela nueva. En la vida cotidiana es muy claro: el tiempo se mueve en una sola dirección, del pasado al presente y hacia el futuro.

Ilustración 39: Puedes limpiarlo, pero no puedes deshacer el derrame.

A esta "calle de un solo sentido" del tiempo se la llama **flecha del tiempo**. Está relacionada con una idea científica llamada **entropía**.

Entropía y la flecha del tiempo

La entropía es una palabra científica que describe lo desordenadas o "caóticas" que se vuelven las cosas con el tiempo. Según la **Segunda Ley de la Termodinámica**, en cualquier proceso natural, la cantidad de desorden (entropía) siempre aumenta. Por ejemplo:

> Cuando rompes un huevo, se vuelve una mezcla caótica. Es fácil hacer un huevo revuelto, pero muy difícil "des-revolverlo".

Si mezclas pintura roja y azul, obtienes morado. Las pinturas no se separan solas otra vez.

Como la entropía siempre crece, le da al tiempo una dirección. Las cosas van del orden al desorden, y eso nos ayuda a distinguir el pasado del futuro. Los científicos creen que este aumento de la entropía es una de las razones principales de que el tiempo no pueda ir hacia atrás.

Nuevas teorías científicas sobre invertir el tiempo

Aunque parece imposible deshacer el tiempo, algunas teorías nuevas exploran si podría ocurrir bajo condiciones muy especiales.

Mecánica cuántica y sucesos reversibles

En el extraño mundo de la **mecánica cuántica** (la ciencia de las partículas muy pequeñas), algunos procesos son reversibles. Eso significa que, a nivel de átomos y partículas, las leyes de la física no prohíben del todo que el tiempo "vaya hacia atrás".

Sin embargo, cuando tienes millones y millones de partículas, como en la vida real, todo se vuelve demasiado complicado, y el flujo normal del tiempo hacia adelante vuelve a dominar debido al aumento de la entropía.

Algunos científicos incluso han hecho pequeños experimentos con ordenadores cuánticos en los que sistemas diminutos parecen "invertir" su estado. Pero esto solo funciona con unas pocas partículas y durante un tiempo muy corto. No es lo mismo que hacer que un vaso roto se reconstruya solo o que tú "descomas" tu comida.

Teorías sobre el universo temprano

Algunos científicos creen que, justo después del Big Bang, las leyes del tiempo podrían haber sido distintas.

En los primeros instantes del universo, el tiempo podría haber sido "simétrico", capaz de ir hacia adelante o hacia atrás.

Sin embargo, a medida que el universo se expandió y se enfrió, la entropía empezó a crecer, bloqueando el tiempo en una dirección: hacia adelante.

Existen incluso teorías que dicen que en lugares muy extraños, como dentro de agujeros negros o en el **multiverso** (la idea de que existen muchos universos), la flecha del tiempo podría comportarse de otra forma. Pero estas ideas todavía son, sobre todo, conjeturas. No tenemos pruebas.

Conclusión

En la vida diaria, el tiempo no se puede invertir. El aumento del desorden en el universo hace que el tiempo avance.

En sistemas pequeñísimos, en experimentos cuánticos, el tiempo puede comportarse de formas raras durante un momento. Y hay teorías muy locas que imaginan sitios donde el tiempo podría fluir distinto. Pero, por ahora, el pasado sigue siendo pasado y avanzamos firmemente hacia el futuro.

La ciencia sigue haciéndose preguntas sobre la naturaleza del tiempo y futuros descubrimientos podrían cambiar lo que sabemos. Pero, hoy por hoy, la flecha del tiempo apunta hacia adelante… y la leche derramada se queda en el suelo.

Causa y efecto están ligados al tiempo

En nuestra vida diaria, las cosas ocurren en cierto orden. Lanzas una pelota y **después** la pelota vuela por el aire. Pulsas un interruptor y **después** se enciende la luz. Este patrón, en el que un suceso provoca que otro ocurra, se llama **causa y efecto**.

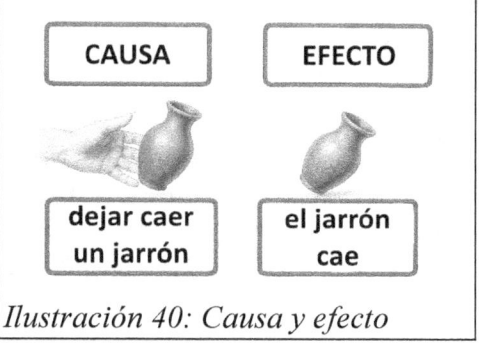

Ilustración 40: Causa y efecto

Causa y efecto están profundamente conectados con el tiempo. De hecho, el tiempo les da el orden correcto a los sucesos: primero ocurre la causa y luego llega el efecto. Sin que el tiempo avance, causa y efecto no tendrían sentido.

¿Qué es causa y efecto?

Una **causa** es algo que hace que otra cosa suceda. Un **efecto** es lo que pasa por culpa de la causa. Por ejemplo:

> Empujas un vaso que está en la mesa (causa) y el vaso cae y se rompe (efecto).

> Estudias mucho para un examen (causa) y sacas buena nota (efecto).

> Un volcán entra en erupción (causa) y ceniza llena el cielo (efecto).

En todos los casos, la causa ocurre primero y el efecto viene después. El tiempo crea una dirección clara: antes y después.

Por qué el tiempo importa para causa y efecto

Si el tiempo no se moviera en una sola dirección, causa y efecto podrían mezclarse. Imagina que un vaso se rompiera antes de que nadie lo tocara, o que las luces se encendieran antes de que pulses el interruptor.

Sería confuso y rompería las reglas de cómo suele funcionar el universo.

Los científicos creen que la flecha del tiempo —la idea de que el tiempo avanza del pasado al futuro— es lo que hace posible causa y efecto. Como el tiempo fluye hacia adelante, las causas vienen antes que los efectos, y el mundo tiene sentido.

¿Qué pasa en el extraño mundo de la física cuántica?

En el mundo diminuto de la **física cuántica**, las cosas a veces se vuelven raras. Algunos experimentos sugieren que, para partículas muy pequeñas, causa y efecto no siempre son tan sencillos.

En ciertas situaciones, puede parecer que el efecto ocurre al mismo tiempo que la causa, o incluso que causa y efecto se mezclan.

Sin embargo, cuando hacemos "zoom" hacia atrás y miramos el mundo de las personas, los árboles, los océanos y los planetas, las reglas de causa y efecto vuelven a la normalidad. La razón es que, en sistemas grandes, el tiempo mantiene su dirección hacia adelante y todo sigue el patrón habitual de causa y luego efecto.

Conclusión

Causa y efecto dependen de que el tiempo avance:

> Primero ocurre la causa.
>
> El tiempo se mueve hacia adelante.
>
> Después llega el efecto.

Sin el flujo del tiempo, causa y efecto perderían su significado. Gracias al movimiento constante del tiempo, el mundo se mantiene ordenado y comprensible.

Aunque las partículas diminutas puedan comportarse de formas extrañas, en nuestra vida diaria el tiempo protege una regla muy importante: primero la causa, luego el efecto.

El tiempo cíclico

Cuando pensamos en el tiempo, normalmente lo imaginamos avanzando en línea recta: del pasado, pasando por el presente, hacia el futuro. A esto se le llama **tiempo lineal**.

Sin embargo, a lo largo de la historia, muchas culturas y pensadores han creído en otra idea llamada **tiempo cíclico**: la creencia de que el tiempo se mueve en círculo, repitiendo patrones una y otra vez.

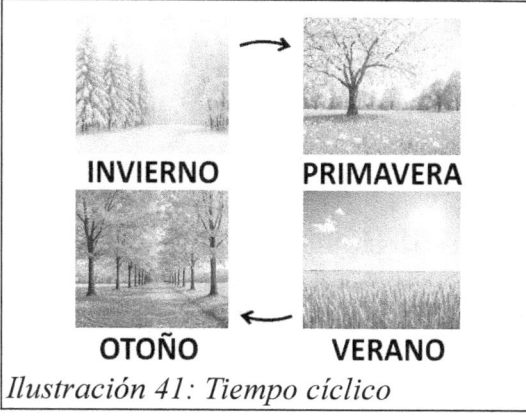
Ilustración 41: Tiempo cíclico

En el tiempo cíclico, los sucesos no avanzan simplemente para siempre. En lugar de eso, el universo se repite en ciclos infinitos, como las estaciones que cambian de primavera a verano, de verano a otoño, de otoño a invierno… y luego vuelven a la primavera.

Creencias antiguas sobre el tiempo cíclico

Muchas civilizaciones antiguas creían en el tiempo cíclico:

> En el hinduismo antiguo, el universo pasa por ciclos infinitos de creación, destrucción y renacimiento, llamados **kalpas**.
>
> Los mayas creían en un gran calendario cósmico donde el tiempo avanzaba en ciclos repetidos que influían en el destino de personas y reinos.
>
> Los griegos hablaban del **Año Platónico** o "Gran Año", un ciclo muy largo tras el cual los planetas y las estrellas vuelven a sus posiciones originales y los sucesos podrían repetirse.

Para estas culturas, el tiempo era como una rueda gigante que gira siempre, sin un principio o fin verdaderos.

Ejemplos naturales de tiempo cíclico

Incluso en la naturaleza vemos patrones cíclicos:

> El día y la noche se repiten cada 24 horas.
>
> Las estaciones se siguen en un orden regular año tras año.

El ciclo de vida de plantas y animales sigue un patrón: nacimiento, crecimiento, muerte y nuevo nacimiento.

Estos patrones repetidos dan ritmo a la vida, igual que las agujas de un reloj girando en círculo.

Ideas científicas modernas sobre el tiempo cíclico

Hoy en día, la mayoría de los científicos usa la idea de tiempo lineal para estudiar el universo. Sin embargo, algunas teorías modernas sugieren que el propio tiempo podría ser cíclico de maneras que aún no entendemos. Por ejemplo:

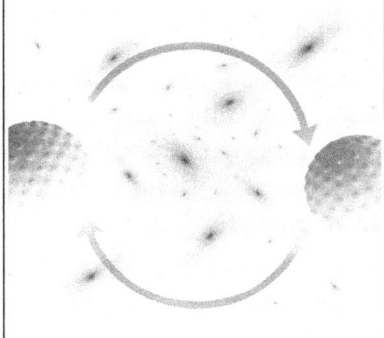

Ilustración 42: Teoría del Gran Rebote

La **teoría del Big Bounce** (Gran Rebote) propone que el universo podría pasar por ciclos infinitos de Big Bangs y Big Crunches: se expande, se colapsa y vuelve a expandirse.

Algunas teorías sobre los agujeros negros y la **inflación cósmica** también dejan abierta la posibilidad de que el tiempo, a una escala enorme, pueda comportarse de forma repetitiva.

Estas ideas aún se están explorando y los científicos no han demostrado que el tiempo sea realmente cíclico a escala universal. Pero muestran que el misterio del tiempo sigue muy vivo en la ciencia actual.

Conclusión

El tiempo cíclico es la idea de que el tiempo se mueve en círculos infinitos, con sucesos que se repiten una y otra vez. Muchas culturas antiguas creían en el tiempo cíclico, y vemos patrones cíclicos en la naturaleza también.

Aunque la ciencia moderna suele tratar el tiempo como una línea recta, algunas teorías nuevas sugieren que, en condiciones especiales, el tiempo podría comportarse como un ciclo en todo el universo.

Sea el tiempo una carretera recta o una rueda que gira, sigue siendo uno de los mayores misterios de nuestro mundo.

Tiempo bloque: ¿está el universo congelado?

¿Qué pasaría si el tiempo en realidad no fluyera? ¿Y si solo pareciera que lo hace?

Algunos científicos creen que el tiempo no es como un río que corre del pasado al futuro. En su lugar, describen una idea misteriosa llamada **tiempo bloque**. En el tiempo bloque, el pasado, el presente y el futuro existen todos a la vez, como un bloque gigante e inmóvil que contiene cada suceso que ha ocurrido y que ocurrirá.

Ilustración 43: Tiempo en bloque

Imagina un cómic. Cada viñeta muestra un momento distinto: la heroína despertando, el villano robando una joya, la batalla final bajo la lluvia. Cuando tú lo lees, pasas de viñeta en viñeta, un momento cada vez. Pero la historia completa ya está ahí, todas las páginas dibujadas desde el principio.

Eso es lo que sugiere el tiempo bloque sobre el universo: nosotros solo vamos "pasando páginas" momento a momento, mientras que la historia entera ya existe.

En esta visión, no hay un "ahora" que sea más real que otro momento. Ayer, hoy y mañana son igual de reales. Son nuestras mentes, nuestra memoria y nuestros sentidos— las que hacen que parezca que el tiempo pasa.

Es un pensamiento muy raro. Si cada momento ya existe, ¿dónde queda nuestro libre albedrío? ¿Elegimos nuestro camino o simplemente caminamos por uno que ya estaba dibujado? Algunos científicos dicen que incluso si el tiempo bloque es real, nuestras decisiones siguen formando parte del bloque: sí elegimos, pero siempre íbamos a elegir así.

Una consecuencia interesante del tiempo bloque: permite imaginar viajes en el tiempo **sin paradojas**. Como todo está ya "congelado", no se puede crear una paradoja. Todo ha ocurrido ya; nada puede pasar que "rompa" la historia.

El tiempo bloque no se parece a lo que sentimos. Pero muchos físicos dicen que encaja con las teorías de Einstein y con la forma en que el universo parece comportarse. No es fácil imaginar un universo congelado donde todo ya "es". Pero a veces la verdad es más extraña que lo que podemos imaginar.

Y el tiempo bloque podría ser una de las verdades más extrañas de todas. Prueba la **Actividad de tiempo bloque** en la página 59.

Cómo los relojes muy precisos pueden deformar el tiempo

El tiempo ya es raro... pero se vuelve aún más raro cuanto más de cerca lo miras.

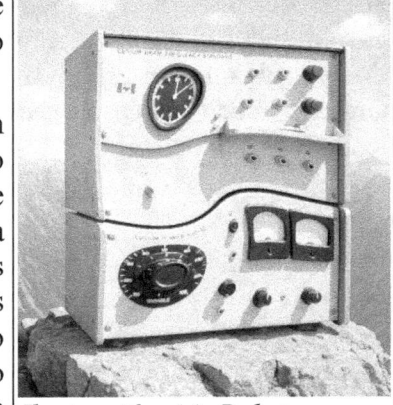

Podrías pensar que el universo tiene un gran reloj maestro que mantiene todo sincronizado, como un director de orquesta cósmico marcando el ritmo para estrellas, planetas y personas. Pero los científicos han descubierto que eso no es cierto. El tiempo no marca igual para todo el mundo. Puede estirarse, encogerse o incluso doblarse según lo rápido que te muevas o cuánta gravedad te esté tirando.

Ilustración 44: Reloj atómico deformando el tiempo

Ahora, los físicos han ido un paso más allá. Han juntado dos de las ideas científicas más importantes:

> La **mecánica cuántica** (que explica cómo se comportan las partículas diminutas)
>
> Y la **relatividad general** (que explica cómo la gravedad afecta al espacio y al tiempo)

...para explorar algo muy extraño: cuanto más precisamente intentamos medir el tiempo, más podemos "estropearlo" a nuestro alrededor.

¿Perdón?

Volvamos atrás un momento. En mecánica cuántica existe algo llamado **principio de incertidumbre de Heisenberg**. Dice que no puedes medir todo con precisión perfecta al mismo tiempo. Por ejemplo, si sabes exactamente dónde está algo, se vuelve más difícil saber qué velocidad lleva. No es que necesitemos un microscopio mejor; es una regla del universo. Las cosas funcionan así.

Ahora piensa en un reloj que pueda medir trocitos de tiempo increíblemente pequeños, muchísimo más pequeños que un segundo. Según estos científicos, cuanto más preciso es el reloj, mayor es la incertidumbre sobre la energía que está usando. Y la energía, gracias a la famosa ecuación de Einstein $E = mc^2$, está relacionada con la masa. ¿Y qué hace la masa? **Curva el espacio y el tiempo.**

Así que aquí viene el giro: un reloj superpreciso podría, en teoría, deformar el tiempo a su alrededor, solo un pelín, lo suficiente como para emborronar el mismo tiempo que está intentando medir.

Por supuesto, esto no es algo que vaya a pasar con tu reloj digital o el temporizador de la cocina. Solo importa en laboratorios ultramodernos que usan relojes atómicos tan precisos que pueden medir cambios de tiempo separados por milmillonésimas de segundo. Aun así, esta idea ayuda a los científicos a explorar uno de los misterios más grandes: qué es realmente el tiempo.

Así que, aunque tu día de instituto no vaya a acelerarse ni a ralentizarse porque alguien ponga un cronómetro, esta investigación nos muestra que el tiempo no es sencillo. Es flexible, misterioso y está profundamente conectado con la forma en que está construido el universo.

Y cuanto más intentamos agarrarlo con precisión absoluta… más parece deslizarse entre nuestros dedos.

Tiempo imaginario

Cuando piensas en el tiempo, probablemente lo imaginas avanzando hacia adelante, segundo a segundo, hora a hora, como un reloj que hace tic-tac. A esto se le llama **tiempo real**, y es la forma en que experimentamos el tiempo cada día.

Sin embargo, los científicos también han desarrollado otra idea llamada **tiempo imaginario**, un concepto que suena raro pero que ayuda a explicar cómo funciona el universo, sobre todo al estudiar cosas como los agujeros negros y el principio del universo.

El tiempo imaginario no es simplemente tiempo "de mentira". Es una idea real que se usa en matemáticas y física muy avanzadas. La palabra "imaginario" viene de los **números imaginarios** en matemáticas, números que usan la raíz cuadrada de menos uno.

¿En qué se diferencia el tiempo imaginario?

En el tiempo real, nos movemos del pasado al presente y del presente al futuro. Hay una dirección clara: ayer ocurrió antes que hoy, y hoy ocurre antes que mañana. El tiempo imaginario es distinto:

- No tiene principio ni final claros.
- Puede comportarse más como el espacio que como el tiempo real.
- No hay una "flecha" clara que vaya del pasado al futuro.

Imagina que caminas alrededor de un círculo. No hay un punto de salida o llegada especial: puedes seguir dando vueltas para siempre. El tiempo imaginario se parece más a ese círculo, donde el tiempo forma un bucle suave y cerrado en lugar de una línea recta.

¿Por qué usan los científicos el tiempo imaginario?

Científicos como Stephen Hawking propusieron usar el tiempo imaginario para ayudar a explicar problemas muy complicados, como:

¿Qué pasó antes del Big Bang?
En tiempo real, parece que el tiempo empezó con el Big Bang. Pero en tiempo imaginario podría no haber un "principio" en absoluto, solo una forma suave y curva, como la superficie de una esfera.

¿Qué pasa dentro de los agujeros negros?
Los agujeros negros tienen una gravedad tan fuerte que doblan el espacio y el tiempo de manera extrema. El tiempo imaginario puede ayudar a los científicos a describir estos lugares extraños donde el tiempo real y el espacio se enredan.

Usando tiempo imaginario en sus cálculos, los científicos pueden entender mejor las partes más misteriosas del universo.

¿Es real el tiempo imaginario?

El tiempo imaginario es una herramienta que los científicos usan para resolver problemas difíciles. Puede que no sea algo que podamos experimentar como el tiempo real.

Algunos científicos piensan que el tiempo imaginario solo es una forma útil de describir cómo se comportan las cosas en condiciones extremas. Otros se preguntan si podría apuntar a verdades más profundas sobre la forma del universo.

Aunque no podamos pasear por el tiempo imaginario, estudiarlo ayuda a los científicos a hacerse grandes preguntas:

> «¿Podría el tiempo no tener un principio?»

> «¿Podría existir el universo sin un 'antes' y un 'después' claros?»

Estas son algunas de las mayores incógnitas de la ciencia actual.

Conclusión

El tiempo imaginario es una idea fascinante en la que el tiempo se comporta más como el espacio y no tiene un inicio ni un final claros.

Aunque no forma parte de nuestra experiencia diaria, ayuda a los científicos a explorar los agujeros negros, el Big Bang y los secretos más profundos del universo.

El tiempo imaginario nos muestra que, en ciencia, a veces las ideas más salvajes son las que abren la puerta a los descubrimientos más grandes.

¿Es real el tiempo?

Puede que alguna vez lo hayas oído, quizá de un profe de ciencias muy guay con calcetines de galaxias o de un invitado en una cena familiar que *tenía* que hablar de agujeros negros: «El tiempo no es real». Suena loco, ¿verdad? Como algo que solo la ciencia ficción se atrevería a decir. Pero aquí viene el giro: algunos científicos están de acuerdo.

Ilustración 45: Cerebro observando el tiempo

Esta idea viene de algo llamado la **teoría B del tiempo**, y no es solo un trabalenguas… ¡es un rompe-cerebros! La teoría B dice que el tiempo no fluye como un río. En lugar de eso, pasado, presente y futuro existen todos por igual, uno al lado del otro, como fotos en un álbum cósmico. Lo que cambia no es el tiempo: eres tú. Tu mente, tus recuerdos y tus emociones son lo que hace que un momento se sienta como "ahora" y otro como "entonces".

Desde este punto de vista, el tiempo es una ilusión, no en el sentido de que no exista en absoluto, sino en el sentido de que **nuestra experiencia** del tiempo está más moldeada por cómo funciona nuestro cerebro que por el universo en sí. Tú sientes que el tiempo pasa, que avanza, que cambia. Pero ¿desde el punto de vista del universo? Puede que todo simplemente *sea*: sin cambio, sin movimiento, intemporal.

Los físicos modernos se toman esto en serio. Según la relatividad, el tiempo no se comporta igual en todas partes. Se dobla cerca de objetos muy masivos. Se ralentiza cuando te mueves deprisa. Depende de dónde estés y de cómo te muevas. No existe un único reloj universal marcando la hora para todos.

Entonces, ¿es real el tiempo? Bueno, depende de lo que quieras decir con "real".

Es real **para nosotros**. Envejecemos, celebramos cumpleaños, recordamos ayer y planeamos mañana. Pero el universo podría "ver" el tiempo de otra forma. Puede que no vea un principio, un medio y un final.

Puede que lo vea todo a la vez.

Capítulo 4 – Percepción del tiempo

¿Te has dado cuenta de que el tiempo parece ir más rápido cuando te lo estás pasando bien y más lento cuando estás aburrido? Aunque los relojes siempre avanzan al mismo ritmo, nuestra experiencia del tiempo no se siente constante. Esto ocurre porque la **percepción del tiempo**, la forma en que sentimos el paso del tiempo, es una creación de nuestra mente.

Ilustración 46: Percepción del tiempo

En este capítulo, descubrirás cómo tu cerebro mide el tiempo, qué cosas afectan tu sensación del tiempo y por qué algunos momentos se sienten más largos o más cortos que otros.

¿Cómo mide el cerebro el tiempo?

A diferencia de tus ojos, que ven la luz, o tus oídos, que escuchan sonidos, tu cerebro no tiene un "órgano del tiempo" especial. En lugar de eso, distintas partes del cerebro trabajan juntas para crear la sensación de que el tiempo pasa. Algunas partes importantes son:

> **El cerebelo**: ayuda con intervalos muy cortos de tiempo, como cuánto tarda una pelota en llegar a tus manos cuando la vas a atrapar.
>
> **Los ganglios basales**: ayudan a medir periodos un poco más largos, como esperar unos segundos antes de entrar en un juego.
>
> **La corteza prefrontal**: te ayuda a planificar acciones a lo largo del tiempo, como organizar los deberes o recordar cuánto tardas en ir andando al instituto.

Estas partes del cerebro siguen pequeñas pautas y cambios, como el latido de tu corazón, el ritmo de tu respiración o la frecuencia con la que parpadeas. Contando estas señales diminutas, tu cerebro construye una idea de cuánto tiempo ha pasado.

¿Por qué a veces el tiempo se siente diferente?

Aunque los relojes se mueven siempre igual, la percepción del tiempo en tu mente puede acelerarse o ralentizarse. Varias cosas pueden causar esto:

Atención Cuando prestas mucha atención a lo que estás haciendo, el tiempo suele parecer que pasa rápido. Ejemplo: jugando a tu videojuego favorito, una hora puede sentirse como solo unos minutos.

Cuando estás aburrido o poco concentrado, notas cada segundo que pasa, como si se arrastrara. Ejemplo: sentado en una sala de espera, cinco minutos pueden sentirse como una hora.

Emociones Las emociones intensas pueden estirar o encoger tu sensación del tiempo. Cuando tienes miedo, el tiempo puede parecer que va más lento porque tu cerebro recoge información con más cuidado. Cuando estás feliz y emocionado, el tiempo puede parecer que vuela, porque tu cerebro está ocupadísimo con actividades alegres.

Edad Las personas más jóvenes suelen sentir que el tiempo va más despacio porque casi todo es nuevo. Los recuerdos nuevos se empaquetan muy juntos, y eso hace que el tiempo parezca más lleno y más largo.

A medida que las personas se hacen mayores, la vida se vuelve más rutinaria y el cerebro forma menos recuerdos completamente nuevos cada día. Esto hace que el tiempo parezca acelerarse.

Rutina frente a experiencias nuevas Cuando haces lo mismo todos los días, parece que el tiempo pasa más rápido. Cuando vives experiencias nuevas, el tiempo se siente más lento.

Por eso las vacaciones o los días especiales pueden sentirse mucho más largos y memorables que los días normales de clase.

Cómo estudian los científicos la percepción del tiempo

Los científicos usan muchos experimentos creativos para estudiar cómo perciben el tiempo las personas. Un método común es hacer que la gente escuche un pitido o vea un destello de luz y adivine cuánto ha durado.

Otro método consiste en pedir a las personas que estimen cuánto ha durado un suceso sin mirar un reloj. Comparando las respuestas, los científicos aprenden cómo maneja el cerebro los intervalos cortos y largos de tiempo.

Los científicos incluso han descubierto que distintos animales perciben el tiempo de forma diferente. Por ejemplo:

> Una mosca, que procesa la información muy rápido, podría experimentar el mundo casi a "cámara lenta" comparado con los humanos.
>
> Animales más grandes y lentos pueden vivir el tiempo de una manera más pausada y estirada.

Trucos especiales de la mente

A veces, nuestro cerebro nos engaña con la forma en que percibimos el tiempo.

> **El efecto "rarito"**: si ocurre algo sorprendente, como un ruido muy fuerte de repente, da la sensación de que dura más que los sucesos normales.
>
> **Cronostasis**: cuando miras rápidamente un reloj, el segundero puede parecer que se queda congelado un

instante. Esto pasa porque tu cerebro está "rellenando" el tiempo mientras tus ojos se mueven rápido.

Estos trucos muestran que el tiempo, tal como lo experimentamos, no siempre es lo que parece.

Conclusión

El tiempo no es solo algo que miden los relojes; también está moldeado por tu cerebro, tu atención, tus emociones y tus recuerdos.

Aunque el tiempo físico y real sigue avanzando a un ritmo constante, tu percepción del tiempo es flexible. Puede estirarse, encogerse, acelerarse o ralentizarse según lo que estés haciendo y cómo te sientas.

Entender cómo percibimos el tiempo nos recuerda que el tiempo no es solo un sonido mecánico de tic-tac: es una experiencia rica y misteriosa que hace que cada momento de nuestra vida sea único y especial.

Consulta **Explora tu percepción del tiempo** *página 77.*

Capítulo 5 – Viajes en el tiempo

Viajar en el tiempo es una de las ideas más emocionantes tanto de la ciencia como de los relatos fantásticos. Mucha gente sueña con poder viajar al pasado para ver dinosaurios o ir al futuro para presenciar inventos asombrosos. Pero ¿los viajes en el tiempo son solo una fantasía divertida o podrían llegar a ser reales?

En este capítulo, descubrirás qué piensan los científicos sobre los viajes en el tiempo, cómo los imaginan las películas, qué son los extraños problemas llamados paradojas temporales y cómo, de alguna manera, ya miramos al pasado usando telescopios.

Ilustración 47: Viaje en el tiempo

El pensamiento científico sobre los viajes en el tiempo

Los viajes en el tiempo son uno de los misterios más fascinantes de la ciencia. Es la idea de moverse no solo por el espacio, sino también por el tiempo mismo, saltando hacia un futuro lejano o deslizándose hacia un pasado olvidado. Muchas historias de aventuras imaginan máquinas poderosas o portales extraños que hacen posible viajar en el tiempo. Pero ¿qué dice realmente la ciencia?

Los científicos han descubierto que el tiempo no es algo separado del espacio; juntos forman un gran tejido llamado **espaciotiempo**. Según la teoría de la relatividad de Albert Einstein, el espaciotiempo no es rígido ni inmutable. Puede doblarse, torcerse y estirarse bajo la influencia de objetos muy pesados, como estrellas y agujeros negros. También puede deformarse cuando los objetos se mueven a velocidades extremas, cerca de la velocidad de la luz.

Esta curvatura del espaciotiempo abre una pequeña y brillante puerta a los viajes en el tiempo, al menos **hacia el futuro**. Si alguien pudiera viajar muy cerca de la velocidad de la luz, el tiempo para esa persona iría más despacio que para quienes se quedaran atrás. Este efecto extraño, llamado **dilatación del tiempo**, significa que los viajeros regresarían y descubrirían que para los demás ha pasado mucho más tiempo que para ellos. De una forma tranquila y casi invisible, los astronautas de la Estación Espacial Internacional experimentan un poquito de viaje en el tiempo cada día, envejeciendo solo un pelín más despacio que las personas en la Tierra.

Hay una forma limitada de observar el pasado que la ciencia sí ha conseguido. Los telescopios modernos en órbita alrededor de la Tierra, incluido el telescopio Hubble, miran hacia un pasado muy lejano. Como la luz viaja de una galaxia a otra a una velocidad de unos **300.000 metros por segundo** (186.000 millas por segundo), la luz de galaxias muy lejanas tarda miles de millones de años en llegar hasta nosotros. Cuando miramos galaxias situadas en el otro extremo del universo observable, las estamos viendo tal como eran hace miles de millones de años.

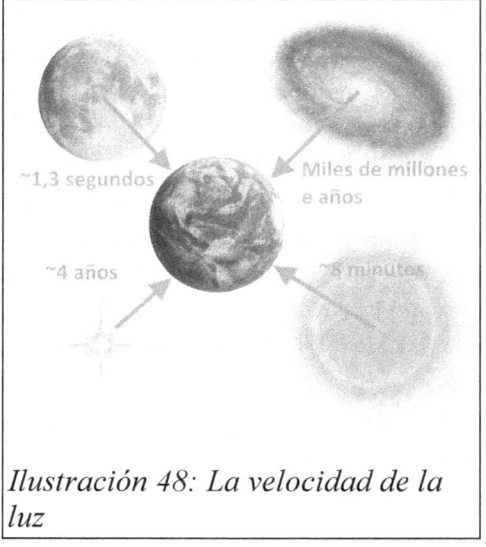

La luz de la Luna tarda unos **1,3 segundos** en llegar a la Tierra.

La luz del Sol tarda unos **8 minutos**.

Ilustración 48: La velocidad de la luz

La luz de la estrella más cercana (aparte del Sol) tarda unos **4 años**.

¡La luz de galaxias lejanas puede tardar miles de millones de años en alcanzarnos!

Hoy en día, el viaje en el tiempo hacia el futuro está ocurriendo, aunque solo en formas minúsculas y casi invisibles. Los muones viajan cerca de la velocidad de la luz. Cuando los muones son creados por rayos cósmicos en la atmósfera superior, solo viven **2,2 microsegundos** (0,0000022 segundos). Debido a que viajan casi a la velocidad de la luz, los muones pueden llegar hasta la superficie de la Tierra.

Sin embargo, viajar al pasado sigue siendo un sueño sombrío e incierto. Algunos científicos se preguntan si estructuras extrañas del universo, como los **agujeros de gusano**, túneles a través del tejido del espaciotiempo, podrían conectar tiempos lejanos igual que conectan lugares lejanos. Pero los agujeros de gusano, si es que existen, serían delicados y peligrosos. Podrían colapsar antes de que algo pasara a través de ellos. Podrían requerir "energía negativa". Nunca hemos sido capaces de crear energía negativa. Y, aunque alguien encontrara la forma, podría encontrarse con peligros desconcertantes, como **paradojas temporales**, donde pequeños cambios en el pasado podrían avanzar ondulando hasta deshacer el futuro.

Ilustración 49: Ilustración artística de un agujero de gusano

Viajar al pasado permanece oculto en la niebla de lo desconocido. Los científicos siguen observando las estrellas, estudiando los agujeros negros y haciendo preguntas valientes sobre la verdadera naturaleza del tiempo. Aunque nadie sabe aún si los secretos más profundos de los viajes en el tiempo llegarán a desvelarse, una cosa es segura: el universo es más extraño y asombroso de lo que podemos imaginar.

Cuerdas cósmicas: hilos del universo temprano

En los rincones más lejanos del pensamiento científico se susurra sobre unos objetos extraños llamados **cuerdas cósmicas**. No son cuerdas como las de un ovillo de lana, sino hilos invisibles y antiquísimos que podrían extenderse a través del universo entero.

Los científicos creen que las cuerdas cósmicas, si existen, se crearon instantes después del Big Bang, cuando el universo era inimaginablemente caliente y denso. A medida que el universo se expandió y se enfrió, puede que dejara atrás "grietas" finas y poderosas en el tejido del espaciotiempo, como arrugas en una superficie que se enfría. Esas grietas podrían haberse convertido en objetos largos y estrechos: las cuerdas cósmicas.

Una cuerda cósmica sería increíblemente fina, más delgada que un átomo, pero cargada con una energía enorme. De hecho, ¡un solo kilómetro de cuerda cósmica podría pesar más que una montaña! Y como tendrían tanta masa y energía, las cuerdas cósmicas podrían doblar el espaciotiempo a su alrededor, igual que una barra muy pesada hace hundirse un colchón cuando la dejas encima.

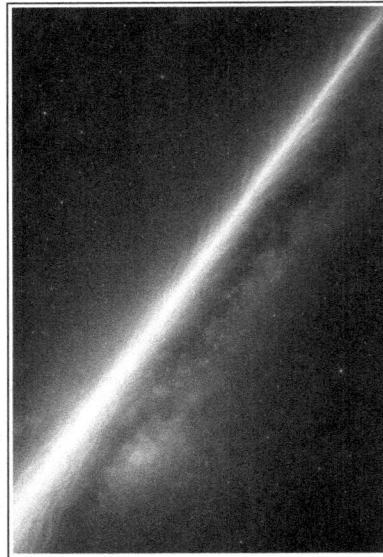

Ilustración 50: Ilustración artística de una cuerda cósmica

Esta curvatura del espaciotiempo es importante porque plantea una pregunta curiosa: ¿podrían las cuerdas cósmicas permitir viajar en el tiempo? Algunos científicos han sugerido que, si dos cuerdas cósmicas pasaran muy cerca una de otra, o si una cuerda cósmica se moviera casi a la velocidad de la luz, la curvatura del espaciotiempo podría ser tan intensa que creara bucles en el tiempo. Un viajero podría moverse a lo largo de uno de esos bucles y regresar al pasado o saltar muy lejos hacia el futuro.

Sin embargo, las cuerdas cósmicas siguen siendo un misterio. Nadie ha encontrado todavía pruebas directas de que existan. Son como leyendas antiguas escritas en las ecuaciones de la física: posibles, pero no demostradas. Telescopios e instrumentos científicos escudriñan el cielo, esperando detectar señales de estos hilos ocultos. Si son reales, podrían revelar secretos del universo temprano y también mostrarnos si el tiempo mismo puede retorcerse y doblarse.

Las cuerdas cósmicas nos recuerdan que el universo puede seguir guardando secretos, esperando, como un hilo escondido, a ser descubiertos por quienes se atreven a mirar lo bastante de cerca.

Películas que ilustran los viajes en el tiempo

Muchas películas populares han explorado los viajes en el tiempo de formas creativas y emocionantes. Aquí tienes tres de mis favoritas:

Regreso al Futuro (1985):

Regreso al Futuro es una película clásica de ciencia ficción y aventuras que explora las posibilidades —y los peligros— de viajar en el tiempo. La historia sigue a Marty McFly, un adolescente que viaja sin querer desde 1985 hasta 1955 usando una máquina del tiempo construida por su excéntrico amigo, el doctor Emmett "Doc" Brown. La máquina del tiempo, disfrazada de coche deportivo, usa una poderosa descarga de energía para romper la barrera del tiempo.

Atrapado en el pasado y sin una forma clara de volver, Marty se enfrenta a una crisis: sin querer interrumpe los sucesos que hicieron que sus padres se enamoraran. Si no consigue reparar el pasado, corre el riesgo de borrar su propia existencia. Con la ayuda de una versión más joven de Doc Brown, Marty tiene que moverse por el mundo desconocido de 1955, arreglar las cosas y encontrar la manera de dar energía a la máquina del tiempo para regresar a su época.

A lo largo de la película, *Regreso al Futuro* muestra el delicado equilibrio entre causa y efecto, las paradojas de cambiar la historia y el emocionante misterio de los viajes en el tiempo. Nos recuerda que incluso pequeñas acciones en el pasado pueden resonar en el futuro… y que el tiempo es una fuerza tan fascinante como peligrosa.

Interstellar (2014):

Interstellar es una película de ciencia ficción que explora la supervivencia de la humanidad entre las estrellas y las extrañas formas en que el tiempo puede comportarse en el universo. Ambientada en un futuro en el que la Tierra se está volviendo inhabitable, el antiguo piloto Cooper se une a una misión atrevida para encontrar un nuevo hogar para la especie humana. Viaja con un equipo de científicos a través de un misterioso agujero de gusano cerca de Saturno, un atajo hacia galaxias lejanas.

Mientras recorren mundos alienígenas, la tripulación se encuentra con uno de los mayores misterios del universo: el tiempo no pasa igual en todas partes. En un planeta cercano a un enorme agujero negro llamado Gargantúa, la gravedad es tan fuerte que el tiempo se ralentiza de forma dramática. Por cada hora pasada en la superficie del planeta, transcurren siete años para quienes están lejos.

Este fenómeno, conocido como **dilatación gravitatoria del tiempo**, separa a Cooper de su familia de una forma desgarradora. Lo que para él se siente como una misión relativamente corta se estira en décadas para la gente en la Tierra. Más adelante en la historia, Cooper se acerca todavía más al agujero negro, donde el espacio y el tiempo se retuercen en formas extrañas, permitiéndole influir en el pasado de maneras que parecen casi mágicas.

A través de su historia intensa, *Interstellar* revela cómo los viajes en el tiempo pueden suceder de forma natural por las leyes de la física, no con máquinas o magia, sino mediante la curvatura extrema del espaciotiempo. Invita a los espectadores a imaginar un universo donde el pasado, el presente y el futuro se entrelazan de formas que apenas empezamos a comprender.

El Proyecto Adam (2022):

El Proyecto Adam es una aventura de ciencia ficción que explora el poder de los viajes en el tiempo para sanar el pasado y cambiar el futuro. La historia comienza cuando Adam Reed, un piloto de combate que viaja en el tiempo desde el año 2050, se estrella en 2022 mientras intenta salvar el futuro de un desastre. Herido y a la fuga, se une a su yo de doce años, un chico listo, torpe y todavía de luto por la muerte de su padre.

Juntos, los dos Adam deben enfrentarse a enemigos del futuro y viajar aún más atrás en el tiempo para encontrar a su padre, un brillante científico que inventó sin saberlo los viajes en el tiempo. Su misión no es solo evitar que los viajes temporales se usen mal, sino también reparar las relaciones rotas que marcaron sus vidas.

A lo largo de la película, *El Proyecto Adam* muestra que los viajes en el tiempo no tratan solo de visitar otros años, sino de las consecuencias de nuestras decisiones y de la posibilidad de redención. Bucles temporales, paradojas y el peso emocional de encontrarse con versiones más jóvenes y más mayores de uno mismo se entrelazan en una historia que demuestra lo conectados que están el pasado, el presente y el futuro.

La paradoja del viaje en el tiempo

Uno de los mayores problemas de los viajes en el tiempo es algo llamado **paradoja**. Una paradoja ocurre cuando dos cosas existen y no pueden ser ciertas las dos a la vez.

Una paradoja famosa de los viajes en el tiempo es la **paradoja del abuelo**:

> Imagina que viajas al pasado e impides que tu abuelo conozca a tu abuela.
>
> Si nunca se conocen, tu madre o tu padre no nacerían, y tú tampoco.
>
> Pero si tú nunca naces, ¿cómo has podido viajar al pasado para impedir que se conocieran?

Ilustración 51: Paradoja del abuelo

Esta situación tan confusa muestra por qué viajar al pasado podría crear problemas que no tienen sentido lógico.

Algunos científicos han sugerido formas de esquivar las paradojas, como la idea de **universos paralelos**, en los que cambiar el pasado crea una nueva línea temporal en lugar de afectar a la que tú venías. Pero estas ideas siguen siendo teorías, no hechos demostrados.

Viajar en el tiempo con telescopios

Aunque no podemos saltar a una máquina del tiempo, los científicos tienen una forma real de mirar al pasado: ¡los telescopios!

La luz viaja muy deprisa, unos **186.000 millas por segundo**, pero el espacio es tan grande que aun así tarda tiempo en llegar hasta nosotros. Por ejemplo:

> La luz de la Luna tarda unos **1,3 segundos** en llegar a la Tierra.
>
> La luz del Sol tarda unos **8 minutos**.
>
> La luz de la estrella más cercana (además del Sol) tarda unos **4 años**.
>
> ¡La luz de galaxias lejanas puede tardar miles de millones de años en alcanzarnos!

Cuando miras por un telescopio una galaxia muy lejana, no la estás viendo como es ahora, sino como era cuando la luz salió de ella, hace miles de millones de años.

De esta forma, los astrónomos están realmente mirando hacia atrás en el tiempo.

Conclusión

Los viajes en el tiempo son una de las ideas más emocionantes de la ciencia y la imaginación. Los científicos han descubierto formas en las que el tiempo puede estirarse y ralentizarse, y han pensado en ideas como agujeros de gusano y cuerdas cósmicas.

Las películas dan vida a los viajes en el tiempo, mostrando tanto sus maravillas como sus peligros, incluidas las extrañas paradojas que podrían surgir si cambiáramos el pasado.

Y hoy mismo, cuando miramos las estrellas, estamos viendo profundamente en la historia del universo, una prueba de que, en cierto sentido, los viajes en el tiempo ya son reales.

Los misterios de los viajes en el tiempo siguen inspirando tanto a científicos como a soñadores. ¿Quién sabe qué descubrirá el futuro?

Capítulo 6 – Ideas raras sobre el tiempo

¿El futuro ya existe?

Cuando piensas en el futuro, seguramente imaginas algo que todavía no ha pasado: el próximo fin de semana, tu próximo cumpleaños o en qué trabajarás cuando seas mayor. Pero algunos científicos creen que el futuro podría estar ya ahí, esperándote, igual que el pasado.

Esta idea viene de un pensamiento extraño llamado "universo en bloque". En esta visión, el tiempo es como un paisaje gigante y congelado. El pasado, el presente y el futuro existen todos a la vez, como las páginas de un libro. Tú lees una página cada vez, pero todas las páginas ya están escritas, incluso el final.

En este mundo congelado del tiempo, lo que llamamos "ahora" es solo la parte por la que está pasando nuestra mente. Estás aquí, en esta página, leyendo estas palabras, pero la página con tu próximo pensamiento, tu próxima carcajada o tu próximo sueño podría estar ya escrita.

Es una idea misteriosa. Si el futuro ya existe, ¿significa eso que todo está decidido? ¿O seguimos tomando decisiones sobre la marcha? Esa es una pregunta que nadie puede responder del todo. Pero nos recuerda que el tiempo puede ser mucho más misterioso que un simple tic-tac, y que el futuro quizá esté más cerca de lo que creemos.

Vivir en el espaciotiempo

Somos criaturas de **espaciotiempo**, atadas a su tejido en movimiento como bailarines atrapados en una corriente invisible. Cada paso que damos no es solo un movimiento por el espacio, sino también un pequeño salto hacia adelante en el tiempo.

Desayunamos en la mesa de la cocina (un lugar), a las 7:30 de la mañana (un momento). El mundo tiene sentido así. Los árboles crecen, las estrellas arden, las personas envejecen, no solo en algún sitio, sino también en algún **momento**. El espacio y el tiempo están enredados como hilos en un tapiz, uno no tiene sentido sin el otro.

Pero ¿y si pudiéramos separar esos hilos?

¿Qué sería el tiempo sin un espacio en el que ocurrir? ¿Qué sería el espacio sin tiempo para moverse por él? Y, lo más misterioso de todo: ¿qué pasaría si los dos desaparecieran?

Por delante nos esperan preguntas extrañas y posibilidades aún más extrañas. El espaciotiempo es solo el principio.

¿Y si viviéramos en el espacio sin tiempo?

Imagina un lugar donde nada cambia nunca. Flotas en el espacio: infinito, silencioso, inmóvil. A tu alrededor hay estrellas, planetas y cometas, pero están congelados como estatuas. ¿Un pájaro batiendo las alas? Imposible. ¿Una flor abriéndose? Nunca. En este mundo hay espacio, pero no hay tiempo.

Sin tiempo, nada se mueve. No podrías caminar, parpadear ni siquiera pensar, porque todas esas cosas ocurren a lo largo del tiempo. Incluso tus pensamientos se congelarían, atrapados justo al empezar. Si quisieras recoger una piedrecita del suelo, no podrías: tu mano nunca terminaría de acercarse. De hecho, ni siquiera empezaría a moverse.

Es una idea muy extraña, ¿verdad? Un lugar lleno de formas, colores y distancias… pero sin movimiento, sin historias, sin "antes" ni "después". El espacio sin tiempo es como un libro con todas las páginas pegadas: la historia existe, pero nadie puede leerla.

Y aun así, algunos científicos se preguntan si, al comienzo de todo, el universo pudo empezar así: con el espacio esperando a que el tiempo comenzara.

O quizá todos los movimientos, todos los sucesos existan en un gran "ahora". En cualquier punto del espacio, toda la historia de ese lugar, todo su futuro, estaría ocurriendo a la vez. ¿Podríamos ver sucesos separados, aunque todos los acontecimientos estuvieran mezclados en ese punto del espacio?

Otro pensamiento sobre el espacio sin tiempo: si viviéramos en el espacio sin tiempo y pudiéramos observar el espaciotiempo desde fuera, ¿veríamos todo el flujo de sucesos del espaciotiempo de una sola vez? Lo que para alguien que vive en el espaciotiempo es pasado, presente y futuro… ¿lo veríamos todo junto como una única imagen?

¿Y si viviéramos en el tiempo sin espacio?

Ahora imagina lo contrario: existe el tiempo, pero no existe el espacio. No hay izquierda ni derecha, ni arriba ni abajo, ni ningún lugar adonde ir o crecer. No estás sentado en una silla, ni de pie en una habitación, ni flotando entre las estrellas, porque no hay ningún sitio donde estar.

Pero el tiempo sigue avanzando. Tic. Tic. Tic.

Los pensamientos podrían seguir ocurriendo. Podrías recordar algo y luego olvidarlo. Podrías sentir alegría y después aburrimiento. Una melodía podría desplegarse en tu mente, nota a nota. Pero sin piano, sin aire, sin sonido. No verías nada, porque ver necesita espacio. Pero quizá… experimentarías cosas. Cosas silenciosas. Cosas que se sentirían como sueños.

El tiempo sin espacio es como una canción sin instrumento, como una historia susurrada sin escenario. Todo cambia, pero nada se mueve.

¿Podría existir realmente algo así? Algunos científicos piensan que, en lo más profundo de los agujeros negros, el espacio se arruga y desaparece. Pero el tiempo, de alguna forma misteriosa, podría seguir existiendo.

¿Y si viviéramos sin espacio ni tiempo?

Da ahora un último salto: imagina que no hay espacio y no hay tiempo. No hay aquí. No hay ahora. No hay antes. No hay después. Nada es grande o pequeño, cercano o lejano. Nada es temprano o tarde. No hay lugar donde estar, ni momento en el que estar.

Es difícil de imaginar, quizá incluso imposible. Porque todo lo que conocemos necesita espacio o tiempo. Nuestro cuerpo necesita espacio para moverse. Nuestros pensamientos necesitan tiempo para formarse. Sin espacio y sin tiempo, no hay relojes, ni pasos, ni estrellas, ni historias.

No es oscuridad. No es silencio. No es "nada". Porque "oscuro" y "silencioso" también necesitan espacio. Incluso la palabra "nada" parece algo… pero esto sería menos que eso.

Algunos científicos creen que así es como empezó el universo. No una chispa en la oscuridad, sino un silencio tan profundo que no tenía tiempo para empezar ni espacio para hacer eco. Y luego, de algún modo, desde ese vacío absoluto, nacieron el espacio y el tiempo.

Y con ellos, tú.

Prueba la actividad **"Sin espacio, sin tiempo"** en la página *60*.

Actividades de aprendizaje

Experimentos mentales

Actividad del tiempo de los gemelos

La situación

Imaginemos que hay dos gemelos que se llaman Zara y Alex. Tienen exactamente la misma edad y viven en la Tierra. Un día, Alex se sube a una nave espacial súper rápida y sale disparado al espacio, casi a la velocidad de la luz. Zara se queda en la Tierra, haciendo cosas normales como pasear al perro, lavarse los dientes e ir al colegio.

Ilustración 52: Paradoja de los gemelos

Y ahora viene lo raro: el viaje de Alex dura 18 años desde el punto de vista de Zara. Pero cuando Alex vuelve, ¡solo ha envejecido 1 año!

¿Qué acaba de pasar?

A esto se le llama el "tiempo de los gemelos" (Twin Time), y no es un error. Es algo real que ocurre en física, basado en la teoría de la relatividad especial de Albert Einstein.

La teoría dice: «Cuanto más rápido te mueves por el espacio, más despacio te mueves por el tiempo».

Así que, como Alex se movía a súper velocidad, el tiempo se "ralentizó" para él. Él se sentía normal (comía, parpadeaba, dormía), pero su reloj iba más despacio comparado con el reloj de Zara en la Tierra.

Cuando se reúnen, Zara tiene 30 años. Alex solo tiene 13. ¡Ya no tienen la misma edad!

Tu misión: imagina que eres uno de los gemelos

Elige tu papel:

Opción A: Eres Alex

¿Cómo se siente viajar disparado por el espacio?

¿Cómo crees que se verían las estrellas desde tu nave?

¿Cómo sería tu vida viviendo en una nave espacial?

¿Sabes que el tiempo se está ralentizando para ti?

¿Cómo te sientes cuando vuelves y ves que Zara ha envejecido más que tú?

Opción B: Eres Zara

¿Qué piensas mientras Alex está lejos, viajando por el espacio?

¿Cómo te sientes al ver que tu gemelo vuelve más joven mientras tú has envejecido?

¿Te parece justo?

Dibuja o escribe tu experiencia

- Crea una entrada de diario desde el punto de vista de cada gemelo.
- Dibuja dos relojes: uno en la Tierra y otro en la nave espacial. Muestra cómo marcan el tiempo de forma diferente.
- Escribe un cómic corto o un relato sobre el momento en que se reúnen de nuevo.

Preguntas para pensar

¿El tiempo es "justo"?

Si pudieras hacer un viaje como el de Alex, ¿lo harías? ¿Por qué sí o por qué no?

¿Crees que es posible viajar al futuro como él?

Lo que has aprendido

- El tiempo no es igual para todo el mundo. Depende de lo rápido que te muevas.
- El universo no tiene un único "reloj maestro" para todos.
- Aunque suena a ciencia ficción, esto se ha comprobado usando relojes atómicos súper precisos en aviones.
- Así que, la próxima vez que alguien diga «¡El tiempo vuela!», puedes responder: «En realidad, el tiempo se estira y se dobla según tu velocidad y la gravedad».

Actividad del Tiempo en Bloque

Algunos científicos creen que el tiempo en realidad no "fluye". En vez de eso, todos los momentos (pasado, presente y futuro) ya existen, como fotos en un álbum. Nosotros sentimos que el tiempo se mueve, pero en realidad solo estamos viviendo un momento tras otro.

A esto se le llama **Tiempo en Bloque**: la idea de que todo el universo es como un bloque congelado donde cada evento tiene su propio lugar.

Tu misión: imagina la vida en un universo congelado

Vamos a empezar tu experimento mental.

Ilustración 53: Folioscopio de su vida

Paso 1: Imagina un "flipbook" de tu vida.

Imagina que tu vida es un flipbook, como esos pequeños libros de dibujos donde las imágenes cobran vida cuando pasas las páginas muy rápido. Cada página es un momento: lavarte los dientes, montar en bici, soplar las velas de tu cumpleaños.

Escribe o dibuja **5 "páginas"** de tu día, como si fueran fotos congeladas en el tiempo.

Paso 2: Ahora… deja de pasar las páginas.

Imagina que sujetas el libro sin moverlo. Todos los momentos están ahí: mañana, tarde y noche, pero ya no pasas las páginas. No desaparecen. Simplemente existen, uno al lado del otro.

Piensa en esto:

Si todos los momentos ya existen, entonces… ¿Qué hace que "ahora" se sienta como el ahora?

¿Estás viajando por el tiempo, o solo estás viviendo una lámina tras otra?

Paso 3: Pasea por el Pasillo de los Momentos.

Cierra los ojos y finge que caminas por un pasillo. A lo largo de las paredes hay ventanas brillantes. Cada una muestra un momento de tu vida, algunos del pasado, otros del futuro.

Te detienes en una ventana: tu último cumpleaños. Caminas un poco más y ves: tu primer día de instituto. Todas las ventanas ya están ahí, solo que todavía no has mirado por algunas de ellas.

Paso 4: Haz preguntas gigantes.

Si el futuro ya existe, ¿podemos seguir tomando decisiones? ¿Estamos descubriendo la historia de nuestra vida o solo interpretándola como actores en un escenario?

Si un momento nunca "desaparece", ¿está realmente en el pasado?

Escribe lo que piensas. No hay respuestas incorrectas. ¡Este es tu viaje a través del tiempo!

Actividad «Sin espacio, sin tiempo»

No solo sin cosas. No solo sin personas. Sino sin espacio y sin tiempo en absoluto. Este puede ser el experimento mental más difícil de todos, porque tu cerebro está hecho para entender el espacio (dónde están las cosas) y el tiempo (cuándo pasan las cosas). Pero ahora vamos a imaginar un universo donde no existe ninguno de los dos.

¿Listo? Vamos más allá de la imaginación.

Paso 1: Cierra los ojos.

Busca un lugar tranquilo. Cierra los ojos. Respira hondo. Ahora imagina…

No hay cielo. No hay suelo. No hay izquierda, derecha, arriba ni abajo. No hay "antes". No hay "después". Solo… quietud. Pero no la quietud de una habitación silenciosa. Es algo más profundo. No hay habitación en absoluto.

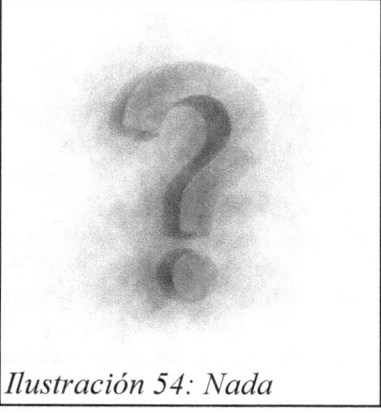

Ilustración 54: Nada

Paso 2: Intenta imaginar la "nada".

Esto es difícil, porque tu cerebro querrá darle forma. Quizá imagines un espacio negro o una niebla vacía. Pero el negro es un color, y la niebla ocupa espacio. Intenta imaginar ni siquiera eso.

Pregúntate: ¿Qué aspecto tiene la "nada"? (Respuesta: no lo tiene). ¿Puede existir algo sin tiempo para cambiar ni espacio en el que estar? ¿Podrías existir tú en este lugar sin espacio ni tiempo?

Paso 3: Imagina que aparece un pensamiento.

Ahora, finge que aparece un pensamiento minúsculo. Solo un puntito de conciencia. Puede que seas tú, o puede que no. No se mueve, porque no hay lugar adonde moverse. No cambia, porque no hay tiempo para cambiar. Simplemente **es**.

Piénsalo: ¿Es real este punto, si no puede cambiar ni hacer nada? ¿Está atrapado para siempre? ¿O está fuera de cualquier "para siempre"?

Paso 4: Escribe o dibuja tu experiencia.

Aunque no había espacio ni tiempo, acabas de imaginarlo. Intenta escribir unas líneas describiendo cómo se sentía. ¿Era algo tranquilo? ¿Daba miedo? ¿Era confuso? ¿Te descubriste creando espacio o tiempo solo para poder explicarlo? Dibuja un símbolo que represente un mundo sin espacio ni tiempo. ¿Cómo sería ese símbolo?

Grandes preguntas para terminar.

¿Podría surgir algo de la nada? Si nuestro universo empezó sin espacio y sin tiempo… ¿qué hizo que el espacio y el tiempo comenzaran? Si podemos imaginar la "nada", ¿es realmente nada?

Lo que has aprendido.

El espacio y el tiempo son tan normales para nosotros que casi es imposible imaginar la vida sin ellos. Pero algunos científicos creen que el universo empezó con este tipo de "nada", y que después surgieron el espacio y el tiempo. Incluso imaginar lo imposible nos ayuda a entender la realidad de forma más profunda.

Actividad del tiempo al revés

¿Qué pasaría si el tiempo no fuera siempre hacia adelante?

¿Qué pasaría si, en vez de despertarte, lavarte los dientes e ir al colegio, te "des-lavaras" los dientes, te metieras en la cama al amanecer y cada día te volvieras más joven?

Este es un experimento mental sobre el tiempo al revés. Vamos a imaginar un mundo donde todo sucede al contrario. Vamos a hacer un viaje… pero marcha atrás.

Paso 1: Rebobina tu día

Cierra los ojos. Piensa en todo tu día, desde este momento hasta cuando te despertaste.

Ahora imagina que todo ocurre al revés. Desayunas… y la comida sale volando de tu boca y vuelve al plato. Caminas de espaldas al colegio, hablando con frases al revés. "Des-aprendes" todo lo que dice el profesor, y tu lápiz "des-escribe" los deberes del cuaderno.

Dibuja una tira cómica que muestre **3 cosas** que haces durante el día… ¡pero al revés! Por ejemplo: la leche volviendo al brick, o saltar al suelo y acabar en la cama.

Ilustración 55: El tiempo al revés

Paso 2: Rejuvenece

Ahora imagina toda tu vida al revés. En vez de crecer, "decreces". Te haces más bajito, tu voz se vuelve más aguda y, un día, "des-soplas" las velas de tu primer pastel de cumpleaños. Al final, vuelves al vientre de tu madre y luego… desapareces antes de nacer.

Pregúntate: ¿Seguirías sintiendo que eres "tú" si cada día fueras más joven? ¿Recordarías el "mañana" igual que recuerdas el "ayer"?

Paso 3: Prueba un mundo al revés

Inventa un mundo donde todo el mundo viva hacia atrás. Las gotas de lluvia suben hacia las nubes. Las personas empiezan siendo ancianas y se vuelven jóvenes. El Sol sale por el oeste y se pone por el este.

Escribe un párrafo que describa un día en este mundo al revés. ¡Sé todo lo creativo o creativa que quieras!

Lo que dicen los científicos

Aquí viene la parte alucinante: ¡Las leyes de la física funcionan igual hacia adelante que hacia atrás! A una ecuación le da igual en qué dirección fluye el tiempo. Entonces, ¿por qué sentimos que el tiempo va hacia adelante?

Entropía es una palabra elegante para la tendencia del universo a volverse más desordenado. Por culpa de la entropía, los huevos se rompen, el hielo se derrite y los castillos de arena se caen. No al revés. Pero si la entropía fuera al revés… ¿podríamos vivir nosotros también al revés?

Paso 4: Imagina universos gemelos

Imagina dos universos en los que, en uno, el tiempo va al revés comparado con el otro. ¿Crees que las personas de alguno de los dos universos notarían que van "al revés" respecto al otro?

Escribe cómo le parecería un universo al otro, visto por alguien que viaja entre ellos.

Preguntas para pensar

- ¿Irían también tus pensamientos hacia atrás?
- ¿Podría una persona "al revés" saber que está viviendo al revés?

Actividades de aprendizaje

- Si rompieras un vaso y vieras cómo se recompone solo, ¿sería algo más mágico... o sería lo más normal del mundo allí?

Lo que has aprendido

El tiempo **podría** ir hacia atrás, al menos en teoría. Nuestra experiencia de la "dirección" del tiempo puede estar relacionada con cómo se reparte y se desordena la energía. Pensar al revés nos ayuda a entender mejor por qué nosotros vivimos hacia adelante.

Actividad del tiempo en pausa

Imagina esto: estás a medias de atarte los cordones, o de darle un mordisco a tu bocadillo, o riéndote del chiste de tu mejor amigo y, de repente... el tiempo se detiene. No solo para ti. Para todo.

No hay relojes que hagan tic-tac. No sopla el viento. Ningún pájaro aletea. Ningún pensamiento se mueve. Ni siquiera la luz puede viajar.

¿Cómo sería eso? ¿Podría ocurrir algo en absoluto?

Ilustración 56: Tiempo en pausa

Vamos a explorarlo.

Paso 1: Congela el mundo

Cierra los ojos e imagina el mundo a tu alrededor completamente congelado. Una hoja parada en mitad del aire. Un pie de una persona flotando justo por encima del suelo. Una gota de agua detenida en mitad de un salpique.

Ahora pregúntate: «¿Puedo moverme?». Si puedes, entonces el tiempo en realidad no se ha parado para ti. Si no puedes, ni siquiera sabrías que el tiempo se ha pausado, porque tu cerebro también estaría congelado.

Escribe o dibuja un momento congelado en el tiempo. ¿Qué detalles quedarían atrapados en ese instante?

Paso 2: Intenta imaginar moverte en el tiempo congela

Fingamos que tú eres la única persona que puede moverse mientras el tiempo está en pausa (¡como en una peli de superhéroes!). Caminas mientras todo lo demás está inmóvil. Intentas coger un objeto. Pero espera: los átomos necesitan tiempo para reaccionar.

¿Respondería el objeto a tu toque?

Pregúntate:

- ¿Podrías respirar si las moléculas de aire no se mueven?
- ¿Podrías ver si la luz no viaja hasta tus ojos?
- ¿Podrías siquiera pensar si tu cerebro necesita tiempo para funcionar?
- Como el tacto consiste en que un objeto "empuje de vuelta" contra tu mano, ¿podrías sentirlo?
- ¿O tu mano atravesaría el objeto porque este no puede reaccionar?

Spoiler: Si el tiempo se detiene de verdad, nada puede ocurrir, ni siquiera los pensamientos.

Paso 3: El tiempo vuelve a arrancar

Ahora imagina que el tiempo se reanuda de repente.

La hoja sigue cayendo. El sonido de la risa de tu amigo continúa a mitad de carcajada. Tu pie, que seguía en movimiento, toca el suelo.

¿Recordarías la pausa?

Si el tiempo se congelara de verdad para todo, incluida tu memoria, no sabrías que ha pasado nada. A menos que estuvieras fuera del tiempo… como un viajero temporal.

Describe con palabras cómo se sentiría el **primer segundo** cuando el tiempo vuelve.

Actividad del tiempo en pausa 2

Pon una película en tu reproductor de vídeo o en tu plataforma de streaming favorita. Empieza a verla (acción, comedia, misterio, lo que más te guste). Pero aquí viene el giro: en momentos aleatorios, pulsa el botón de pausa.

Ahora mira con atención. ¿Qué ves? Puede que la boca de alguien esté muy abierta a mitad de frase. Tal vez una ceja esté levantándose justo a medias. Una mano puede quedar flotando en el aire como si hubiera olvidado lo que estaba haciendo.

Todos están congelados, pero no como estatuas. Es más bien como si el tiempo los hubiera pillado por sorpresa.

Lo divertido es que, aunque la película no se mueve, tu imaginación sí. ¿Puedes adivinar qué estaban a punto de hacer? ¿Qué podría pasar después? ¿Qué acaba de suceder justo antes de la pausa?

Cuando el tiempo se detiene, echamos un vistazo a pequeños trocitos de vida raros, graciosos o misteriosos. ¡Es como pillar al tiempo desprevenido!

Grandes preguntas para pensar

¿Puede el tiempo detenerse sin que todo lo demás se detenga?

¿Es siquiera posible una "pausa", o el tiempo tiene que fluir siempre?

Si pudieras pausar el tiempo y seguir moviéndote, ¿sería magia o ciencia?

Y si el tiempo se detuviera de verdad, ¿te darías cuenta?

Y, sin embargo…

¿Qué pasaría si el tiempo se tomara minisiestas y nunca nos diéramos cuenta?

Vivimos dentro del espacio-tiempo, como peces dentro del agua. Si el tiempo se parara, aunque solo fuera durante un parpadeo, todo se detendría con él. ¿Tu respiración? Congelada. ¿El aire? Quieto.

Pero no te importaría, porque tú también estarías en pausa. Sin pensamiento, sin tic-tac, sin movimiento. Así que quizá, solo quizá, el tiempo pulsa el botón de pausa constantemente. Pero si todo se detiene a la vez, ¿quién queda para darse cuenta?

Lo que has aprendido

El tiempo no es solo algo que vemos en un reloj, es el motor de la realidad. Si el tiempo se detuviera de verdad, incluso la luz, el movimiento y el pensamiento se congelarían. Pausar el tiempo suena divertido… pero puede que sea casi lo mismo que desaparecer durante un rato.

Actividad del tiempo discreto

Objetivo:

Entender el tiempo discreto representando cómo los eventos solo pueden ocurrir en momentos separados y distintos, como los segundos que marca un reloj.

Qué necesitas:

- Un cronómetro o temporizador que emita un pitido cada segundo, o un amigo con un reloj.
- Un espacio amplio (patio, gimnasio o salón).
- Papel y lápiz.

Ilustración 57: Tiempo discreto

Prepara la escena

Piensa en el tiempo como un conjunto de puntitos en una línea, no como un río suave que fluye. Cada segundo es un nuevo "tic", un momento en el que puede pasar algo, pero no pasa nada entre medias.

El juego del movimiento

Cuando empiece el temporizador, te moverás un poquito cada segundo. Solo puedes moverte en el segundo. ¿Entre segundos? Te quedas congelado como una estatua.

Desafío de la frase de una sola letra

Mientras te mueves, también vas construyendo una frase, ¡pero con truco! Solo puedes decir una letra en voz alta cada segundo. Intenta "decir" una frase, una. letra. cada. Vez. Pronuncia la letra como se pronuncia normalmente dentro de la palabra.

Por ejemplo:

1.er segundo: «E»
2.º segundo: «s»
3.er segundo: «t»
4.º segundo: «o»
5.º segundo: «y»

6.º segundo: «» (silencio)
7.º segundo: «a»
8.º segundo: «q»
9.º segundo: «u»
10.º segundo: «i»
→ Juntas forman: «Estoy aquí».

Observa cómo funciona el tiempo

Fíjate en que no puedes mezclar letras ni hacer atajos: cada letra vive en su propio momento. Eso es el tiempo discreto: Nada de "entre medias". Nada de pasar suavemente de una cosa a otra. Solo: tic. tic. tic.

Pregunta para reflexionar

¿Cómo sería esto diferente si pudieras decir parte de una letra entre tics? ¿Seguiría siendo tiempo discreto?

Experimentos sencillos

Actividad del reloj de palo

Un reloj sin engranajes

Sí, existe de verdad. Mucho antes de que la gente tuviera móviles o relojes de pulsera, miraban al cielo para saber la hora. Y tú también puedes hacerlo con nada más que un palo, un poco de luz del Sol y algo de paciencia.

Esta herramienta se llama palo de sombra, y te permite leer la hora directamente del baile de la Tierra con el Sol.

Qué necesitarás

- Un palo recto, más o menos tan largo como tu brazo.

Ilustración 58: Reloj de palo

- Un lugar soleado y abierto (hierba, tierra o arena funcionan genial).
- Piedras u otros marcadores para señalar las posiciones de la sombra.
- Un cuaderno o papel para anotar tus observaciones.

- Opcional: una brújula para encontrar los puntos cardinales.

Paso 1: Planta el palo

Empieza por la mañana (si puedes, sobre las 09:00). Elige un lugar plano y soleado donde la sombra del palo no vaya a quedar tapada. Clava el palo en el suelo para que quede de pie, lo más vertical posible. A su alrededor, limpia un espacio de al menos un metro de ancho en todas las direcciones. Acabas de construir una máquina antiquísima: un reloj de sol disfrazado.

Paso 2: Marca las sombras

Ahora empieza la magia. A distintas horas del día, observa la sombra que proyecta el palo. Coloca una pequeña piedra o marcador en la punta de la sombra. Escribe al lado la hora (compruébala con un reloj). Haz esto cada hora (10:00, 11:00, 12:00…) hasta la tarde.

Empezarás a ver algo curioso: la sombra se mueve formando un círculo. No al azar, sino con un patrón.

Paso 3: Lee el reloj del Sol

Después de varias marcas, notarás esto: La sombra es más larga por la mañana y por la tarde. Se hace más corta alrededor del mediodía, cuando el Sol está más alto. Esa sombra más corta apunta al norte en el hemisferio norte, y al sur en el hemisferio sur. El patrón de piedras se convierte en una esfera de reloj natural, donde cada punta de sombra marca una hora.

Parece que el Sol se mueve por el cielo. Pero ¿en realidad se mueve él… o somos tú y la Tierra quienes estáis girando?

Paso 4: Conviértete en lector de tiempo

Al día siguiente, ponte junto a tu palo. Sin mirar ningún reloj, intenta adivinar la hora según dónde cae la sombra entre tus marcas. Luego comprueba la hora con un reloj. ¿Qué tal lo has hecho? Muy pronto, no solo estarás mirando el tiempo, ¡estarás leyendo la hora en la luz y la sombra!

Lo que has aprendido

La posición del Sol cambia porque la Tierra está girando. Las sombras se mueven siguiendo un arco predecible a lo largo del día. Puedes medir el tiempo usando la naturaleza, igual que hacían los antiguos astrónomos. El tiempo no solo late dentro de las máquinas: también está escrito en el cielo... y ahora tú sabes cómo leerlo.

Actividad del reloj de sol

Objetivo:

Construir un reloj de sol que funcione, seguir la sombra del Sol y descubrir cómo medían el tiempo las personas de la antigüedad sin relojes ni aplicaciones.

Materiales necesarios:

- Un palo o varilla recta (de unos **30 centímetros** de largo).
- Un plato de papel o un trozo de cartón.
- Una brújula (o un móvil con brújula).
- Un reloj o móvil (para comprobar la hora).
- ¡Un día soleado!
- Rotuladores o bolígrafos.

Paso 1: Prepara tu esfera

Haz un agujero en el centro del plato de papel y atraviesa el plato con el palo, o pega el palo en vertical en el centro del cartón. Este será tu **gnomon** (se pronuncia "gnó-mon"). Es una palabra elegante para la parte del reloj de sol que proyecta la sombra.

Paso 2: Encuentra el norte verdadero

Usa la brújula para girar el plato de forma que el palo apunte exactamente hacia el norte. ¡Esto es importante! Así la sombra caerá correctamente a lo largo del día.

Paso 3: Marca la sombra

Cada hora, sal al exterior y coloca tu reloj de sol en el mismo lugar y en la misma posición. Con un rotulador, traza la sombra del palo y escribe la hora actual al lado de la línea de sombra.

Ilustración 59: Reloj de sol de plato de papel

Paso 4: Repite durante todo el día

Intenta marcar las sombras cada hora, desde la mañana hasta la tarde-noche. Estás dibujando un mapa de cómo la Tierra gira bajo el Sol.

Cosas que observar

- ¿Cómo cambia la **longitud** de la sombra durante el día?
- ¿En qué **dirección** se mueve la sombra?
- ¿Hay un momento en que sea la **más corta**? ¿Cuándo?

Misterios opcionales para explorar

- Prueba tu reloj de sol al mediodía. ¿La sombra apunta directamente al norte o al sur?
- Haz un reloj de sol en invierno y otro en verano. ¿Cambian los caminos de las sombras?
- Imagina que eres un astrónomo de la antigüedad. ¿Podrías usar esto para construir un calendario?

Lo que estás aprendiendo

- La rotación de la Tierra crea sombras que se mueven como las agujas de un reloj.
- Antes del tiempo digital, la gente usaba las sombras, las estrellas y el Sol para medir horas, días y estaciones.
- Estás aprendiendo a leer la hora a la manera antigua... con el cielo como guía.

Actividad del reloj de arena

En esta actividad vas a construir un reloj de arena que funciona usando materiales sencillos de casa. Este proyecto práctico te ayudará a entender cómo miden el tiempo los relojes de arena y te dará la oportunidad de explorar cómo el flujo de la arena, la gravedad y la forma del recipiente afectan a la medida del tiempo.

Ilustración 60: Reloj de arena

Actividades de aprendizaje

Materiales necesarios

- **2** botellas pequeñas de plástico transparente (como botellas de agua) del mismo tamaño.
- **1** hoja de cartón rígido o **1** tapón de botella de plástico con un agujero.
- Arena fina (puede comprarse o hacerse secando y triturando sal o azúcar). La arena debe estar seca para que funcione bien.
- **1** clavo o chincheta (para hacer un agujero).
- Cinta adhesiva o pistola de pegamento caliente (con la supervisión de una persona adulta).
- **1** cronómetro o reloj con segundero.
- Papel y lápiz para anotar resultados.
- Opcional: **1** embudo (para ayudarte a echar la arena).

Paso 1: Prepara las botellas

Enjuaga y seca bien las dos botellas. Quita las etiquetas para poder ver la arena por dentro. Con ayuda de una persona adulta, usa la chincheta o el clavo para hacer un pequeño agujero en el centro de uno de los tapones. Este será el "cuello" por donde fluirá la arena. Si usas cartón, recorta un círculo pequeño que encaje entre las dos botellas y haz un agujero en el centro.

Paso 2: Añade la arena

Llena una de las botellas hasta aproximadamente un tercio con arena fina y seca. Puedes usar un embudo para que sea más fácil y limpio. La arena seca fluye mucho mejor: la humedad puede hacer que la arena se pegue formando grumos, y esos grumos pueden tapar el agujero.

Paso 3: Monta el reloj de arena

Coloca el tapón agujereado o el disco de cartón entre las dos botellas, boca con boca. Con cuidado, pega o encola los cuellos de las botellas para que no se salga arena por los lados. Da la vuelta a todo el conjunto para probar el flujo: Si la arena baja demasiado rápido, el agujero quizá sea demasiado grande. Si casi no se mueve, el agujero puede ser demasiado pequeño o estar atascado.

Paso 4: Calibra tu reloj de arena

Usa el cronómetro para medir cuánto tarda toda la arena en pasar de la botella de arriba a la de abajo. Anota ese número: ese es el tiempo que mide tu reloj de arena.

Si quieres un reloj de 1 minuto, ajusta la cantidad de arena hasta que tarde exactamente 60 segundos en caer.

Observa y reflexiona

- ¿Qué pasa si usas más arena?
- ¿Qué ocurre si inclinas un poco el reloj de arena?
- ¿Cómo podrías hacer un temporizador más largo o más corto?

Escribe tus observaciones. Incluso puedes decorar tu reloj de arena y ponerle una etiqueta, por ejemplo: «Mi temporizador de 3 minutos» o «Arena de la ciencia».

Notas de seguridad

- Pide siempre ayuda a una persona adulta cuando uses herramientas afiladas o pegamento caliente.
- Nunca dejes la pistola de pegamento caliente desatendida.
- Mantén tu reloj de arena sobre una superficie estable mientras lo usas.

Lo que has aprendido

- Los relojes de arena funcionan gracias a la gravedad y a un flujo constante de material.
- Son fiables porque la arena cae a una velocidad casi constante.
- Al construir el tuyo, te has unido a una larguísima tradición humana de medir el tiempo, que te conecta con inventores antiguos y con mentes curiosas a lo largo de la historia.

Actividad del reloj de vela

Mucho antes de los relojes eléctricos y los relojes digitales, la gente medía el tiempo con herramientas muy sencillas. Una de las más ingeniosas (y silenciosas) era el reloj de vela. Un reloj de vela mide el tiempo observando cómo una llama va derritiendo la cera poco a poco.

Esta guía te enseñará a usar una vela para medir el tiempo igual que lo hacían estudiosos, monjes y viajeros cuando el mundo se iluminaba con fuego.

Qué vas a necesitar

- Una vela alta y recta (mejor sin olor ni decoración).
- Una regla o cinta métrica.
- Un temporizador o cronómetro (solo para prepararlo la primera vez).
- Un lápiz afilado o rotulador.
- Una superficie plana y segura donde colocar la vela.
- La ayuda de una persona adulta (¡muy importante! Nunca dejes una vela encendida sola. ¡Nunca te inclines sobre una vela!).

Paso 1: Mide la vela

Antes de encenderla, usa la regla para medir la altura total de la vela. Divídela en secciones iguales. Por ejemplo, si tu vela mide 12 cm de alto, márcala cada 2 cm. Usa el lápiz o el bolígrafo para dibujar pequeñas rayas en la vela. Al lado de cada línea podrás escribir tiempos como: «10 minutos», «20 minutos», «30 minutos», etc. Pero no escribas los tiempos hasta saber cuánto tarda realmente en quemarse cada parte.

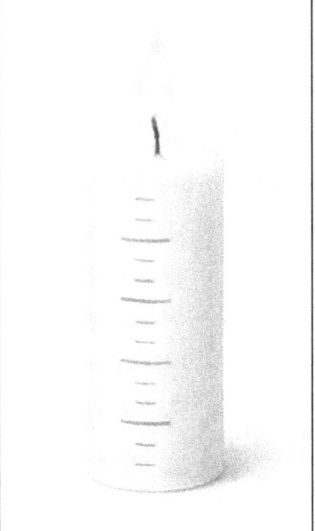

Ilustración 61: El reloj de vela

Paso 2: Enciende la vela y observa

Pide a una persona adulta que te ayude a encender la vela. Pon en marcha el cronómetro en el momento en que aparece la llama. Observa con cuidado cómo la llama va bajando hacia tu primera marca. Cuando la cera llegue a esa marca, apunta el tiempo que ha tardado. Haz lo mismo con la segunda marca, la tercera, y así sucesivamente. Pronto sabrás cuánto tarda en quemarse cada sección. Por ejemplo, puedes descubrir que cada tramo de 2 cm tarda 15 minutos.

Paso 3: Usa tu vela para medir el tiempo

Ahora que ya sabes a qué velocidad se quema tu vela, ¡puedes usarla como reloj! Si necesitas medir 1 hora, y cada sección tarda 15 minutos, marca 4 secciones y obsérvalas quemarse. A medida que cada tramo de cera desaparece, sabrás cuánto tiempo ha pasado solo mirando la vela. Algunos relojes de vela antiguos tenían incluso pequeños pesos escondidos en la cera. Cuando la vela se derretía, los pesos caían en una bandeja de metal, hacían «¡ding!» y la persona sabía que había pasado cierto tiempo.

Recordatorios de seguridad

- Ten siempre a una persona adulta cerca cuando uses fuego.
- Mantén la vela lejos de cualquier cosa que pueda arder (como libros, cortinas o ropa).
- Nunca dejes una vela encendida sola, ni siquiera un minuto.
- Cuando termines, pide ayuda a un adulto para apagarla.

Lo que has aprendido

Una vela se quema a una velocidad bastante constante, así que sirve para medir el tiempo. Puedes medir el tiempo usando herramientas de la naturaleza y de la tradición, no solo pantallas y electricidad. El tiempo siempre está pasando, incluso mientras una llama tranquila baila en la oscuridad.

Ahora te has unido a la larga fila de guardianes del tiempo que contaban los minutos a la luz de las velas.

Actividad del reloj de agua

Hace mucho tiempo, antes de que la gente tuviera relojes digitales o de pulsera, se usaba el movimiento del agua para medir el tiempo. Estos dispositivos se llamaban relojes de agua o, con su nombre en griego antiguo, clepsidras, que significa «ladrón de agua».

Un reloj de agua no hace tic-tac ni suena. Marca el tiempo con el goteo suave y constante del agua, medido con mucha atención y paciencia. Ahora vas a construir uno propio.

Ilustración 62: El reloj de agua

Materiales que vas a necesitar

- **2** vasos o recipientes de plástico (mejor si son del mismo tamaño).
- **1** clavo o chincheta (para hacer un agujero pequeño).
- Cinta adhesiva o pegamento.
- **1** rotulador o bolígrafo.

Actividades de aprendizaje

- **1** vaso medidor.
- **1** cronómetro o temporizador (para probar tu reloj).
- Agua.
- La ayuda de una persona adulta (para hacer los agujeros y manejar los derrames).

Paso 1: Prepara el reloj

Coge uno de los vasos y, con ayuda de una persona adulta, haz un agujerito en el fondo usando la chincheta o el clavo. El agujero debe ser muy pequeño para que el agua **gotee** lentamente y no salga a chorro. Pega o encola el vaso con agujero encima del segundo vaso (que será el que recoja el agua). También puedes colocar el vaso de arriba dentro del de abajo, siempre que quede bien sujeto. Ahora, echa agua en el vaso de arriba y pon en marcha el cronómetro.

Paso 2: Mide el tiempo con agua

Cuando el agua empiece a gotear en el vaso de abajo, marca el nivel del agua en ese vaso cada minuto usando el rotulador. Puedes hacer marcas a los 5, 10 o más minutos, según el tiempo que dure el agua. Cuando el vaso de arriba se quede sin agua, para el cronómetro y anota cuánto tiempo ha pasado. Acabas de calibrar tu reloj de agua y le has dado el poder de medir el tiempo.

Paso 3: Usa tu reloj de agua

Ahora que ya sabes cuánto tarda en subir el agua de una marca a otra, puedes volver a llenar el vaso de arriba y, a medida que suba el nivel del agua en el vaso de abajo, leer cuánto tiempo ha pasado. Cada línea se convierte en una marca de tiempo, como los números en la esfera de un reloj.

¿Quieres medir diez minutos? Observa el momento en que el agua llega al nivel que marcaste para el minuto 10. ¿Quieres cocer un huevo durante tres minutos? Usa la tercera línea de agua en lugar de un temporizador.

Seguridad y limpieza

Coloca siempre tu reloj de agua sobre una bandeja o una toalla para recoger los derrames. Mantén los aparatos electrónicos y los libros lejos de tu reloj de agua. Cuando termines, vacía y seca bien los recipientes y lávate las manos.

Lo que has aprendido

El agua fluye a un ritmo bastante constante, igual que el tic-tac de un reloj. Midiendo ese flujo, puedes seguir el paso del tiempo de forma natural. En el Antiguo Egipto, Babilonia, China y Grecia se usaban relojes de agua para organizar la vida y las ceremonias.

Ahora formas parte de una larga historia de observadores del cielo y del agua, personas que organizaban sus días no con pitidos digitales, sino con el ritmo tranquilo del propio mundo.

Explora tu percepción del tiempo

¡Puedes hacer un experimento muy sencillo para ver cómo tu cerebro vive el tiempo de forma distinta según lo que estés haciendo!

Materiales necesarios:

- Un reloj con segundero, un temporizador o un cronómetro.
- Un cuaderno y un lápiz.

Paso 1: Sentado en silencio

Busca un lugar tranquilo donde puedas sentarte sin distracciones.

Pon en marcha tu cronómetro o fíjate en el segundero de un reloj.

Sin contar y sin mirar el reloj otra vez, siéntate quieto y en silencio e intenta adivinar cuándo ha pasado un minuto.

Cuando creas que ha pasado un minuto, para el temporizador o vuelve a mirar el reloj.

Escribe en tu cuaderno qué tan cerca estuviste del tiempo real.

Paso 2: Haciendo algo divertido

Ahora elige una actividad que te guste, como dibujar, jugar una partida rápida o escuchar tu canción favorita.

Vuelve a poner en marcha el temporizador y haz la actividad sin mirar el reloj.

Cuando creas que ha pasado **un minuto**, para y comprueba la hora.

Escribe también qué tan cerca estuviste esta vez.

Paso 3: *Compara tus resultados*

¿Fue más fácil adivinar **un minuto** cuando estabas aburrido o cuando te lo estabas pasando bien?

¿El tiempo te pareció más largo o más corto según lo que estabas haciendo?

Lo que te enseña esta actividad

Este experimento sencillo muestra que tu cerebro mide el tiempo de forma diferente según tu atención y tus emociones.

Cuando estás aburrido, el tiempo suele sentirse más lento, y puedes pensar que un minuto tarda una eternidad.

Cuando estás ocupado y te diviertes, puedes sentir que un minuto pasa mucho más rápido de lo que marca el reloj.

Aunque el reloj avanza siempre al mismo ritmo, ¡tu percepción del tiempo puede estirarse o encogerse, tal como han descubierto los científicos en sus experimentos!

Actividades creativas

Dibuja el tiempo

Pregunta: ¿Cómo sería el tiempo si pudieras verlo?

Dibuja: Un río, una espiral, un reloj, una galaxia… cualquier cosa que te haga pensar en el tiempo.

Inventa un nuevo reloj

Qué hacer: Crea tu propio aparato para medir el tiempo usando ritmos naturales (parpadeos, goteo, agua que cae, arena que cae…).

Cápsula del tiempo

Qué hacer: Reúne pequeños objetos o notas y guárdalos en una caja para abrirla en una fecha futura.

Día simulado

Qué hacer: Sigue un horario **sin** usar reloj. Intenta adivinar la hora del día por el Sol, las sombras, el hambre, etc.

Apéndice

Medición del tiempo

Unidad de medida	Abrev.	Definición(es)	Uso
nanosegundo	ns	1 ns = 10^{-9} s 1.000.000 ns = 1 s	El nanosegundo se usa a menudo como intervalo de tiempo para medir fenómenos atómicos.
milisegundo	ms	1 ms = 10^{-3} ds 1.000 ms = 1 s	El milisegundo se usa para medir sucesos de duración muy corta, como los ciclos de instrucción en un ordenador.
segundo	s	1.000 ms = 1 s 60 s = 1 min	El segundo es la unidad estándar para todas las medidas de tiempo.
minute	min	60 s = 1 min 60 min = 1 hora	El minuto se utiliza a menudo para medir acontecimientos personales de corta duración, como: «Llego en cinco minutos».
hora	h	60 m = 1 h 3600 s = 1 h 24 h = 1 dia	La hora tiene dos definiciones que no son exactamente iguales: 1 hora son 3.600 segundos y 24 horas son 1 día. Sin embargo, como la rotación de la Tierra cambia ligeramente, la duración de un día no siempre es la misma. Qué definición se usa depende de si se toma el segundo o el día como unidad base.
cuarto de hora	—	1 cuarto de hora = 15 minutos 4 cuartos de hora = 1 hora	Un cuarto de hora se usa normalmente para aproximar una hora del día, como en «Son las cuatro menos cuarto», que significa que faltan 15 minutos para las 4, es decir, las 15:45.

Medición del tiempo

Unidad de medida	Abrev.	Definición(es)	Uso
media hora	—	1 media hora = 30 minutos 2 medias horas = 1 hora	La media hora se usa normalmente para aproximar una hora del día, como en «Son las siete y media», que significa que han pasado 30 minutos de las siete, es decir, las 7:30.
día	d	1 día = 24 h 7 días = 1 semana	1 día es el tiempo que tarda la Tierra en girar una vez sobre su eje. Como esa rotación cambia ligeramente, no es un tiempo exacto en segundos.
semana	sem	1 semana = 7 días 4,3 semanas ≈ 1 mes 52 semanas ≈ 1 año	Una semana son 7 días. El origen de la semana está en la cultura judía, tal como se describe en el libro del Génesis de la Biblia. Hoy la semana se reconoce universalmente como un periodo de 7 días.
quincena	—	2 semanas = 1 quincena	La quincena es una medida antigua de tiempo que equivale a dos semanas. Hoy en día se usa poco.
mes	mes	1 mes = 28, 29, 30 o 31 días 12 meses = 1 año	Los meses son creaciones humanas para dividir el tiempo en unidades manejables entre el día y el año. Actualmente, la mayoría de la gente usa el calendario gregoriano, que fija la duración de los meses así: enero, 31 días; febrero, 28 o 29; marzo, 31; abril, 30; mayo, 31; junio, 30; julio, 31; agosto, 31; septiembre, 30; octubre, 31; noviembre, 30; y diciembre, 31.

Medición del tiempo

Unidad de medida	Abrev.	Definición(es)	Uso
año	año	1 año ≈ 365,25 días 1 año = 12 meses 10 años = 1 década 100 años = 1 siglo	Un año es el tiempo que tarda la Tierra en dar una vuelta completa alrededor del Sol. Como esto puede variar ligeramente debido a la atracción gravitatoria de otros planetas, 1 año no se puede expresar exactamente en segundos. Dentro del Tiempo Universal Coordinado, los científicos añaden y quitan segundos de algunos días del año para mantener los relojes sincronizados con la órbita real de la Tierra.
década	—	10 años = 1 década 10 décadas = 1 siglo	Aunque una década puede ser cualquier periodo de 10 años, el término se usa a menudo para indicar un periodo de 10 años que empieza el 1 de enero de un año terminado en cero, como 2010.
siglo	—	100 años = 1 siglo 10 siglos = 1 milenio	Aunque un siglo puede ser cualquier periodo de 100 años, el término se usa a menudo para indicar un periodo de 100 años que empieza el 1 de enero de un año terminado en dos ceros, como 2000.

Apéndice

Medición del tiempo				
Unidad de medida	**Abrev.**	**Definición(es)**	**Uso**	
milenio	—	1.000 años = 1 milenio 10 siglos = 1 milenio	Aunque un milenio puede ser cualquier periodo de 1.000 años, el término se usa a menudo para indicar un periodo de 1.000 años que empieza el 1 de enero de un año terminado en tres ceros, como 2000.	

Citas sobre el tiempo

- «Una puntada a tiempo ahorra nueve.» — Dicho popular, Inglaterra, siglo XVIII.
- «Acostarse temprano y levantarse temprano hace al hombre sano, rico y sabio.» — Benjamin Franklin, *Almanaque del Pobre Richard* (1748).
- «El tiempo es dinero.» — Benjamin Franklin.
- «El tiempo lo cura todo.» — Terencio, poeta romano, ca. 180 a. C.
- «El tiempo y la marea no esperan a nadie.» — Dicho popular, año 1225 d. C. o antes.
- «Más vale llegar tres horas antes que un minuto tarde.» — William Shakespeare, *Las alegres comadres de Windsor* (c. 1597).
- «El tiempo es el consejero más sabio de todos.» — Pericles, estadista de la Antigua Grecia (c. 495–429 a. C.).
- «La mala noticia es que el tiempo vuela. La buena es que tú eres el piloto.» — Michael Altshuler, orador motivacional estadounidense.
- «Siempre dicen que el tiempo lo cambia todo, pero en realidad tú tienes que cambiar las cosas.» — Andy Warhol, *La filosofía de Andy Warhol* (1975).
- «El tiempo perdido nunca se vuelve a encontrar.» — Benjamin Franklin, *Almanaque del Pobre Richard* (1748).
- «El tiempo vuela por encima de nosotros, pero deja su sombra detrás.» — Nathaniel Hawthorne.

- «Debemos usar el tiempo de forma creativa, sabiendo que siempre es el momento oportuno para hacer lo correcto.» — Martin Luther King Jr., *Carta desde la cárcel de Birmingham* (1963).
- «El tiempo, devorador de todas las cosas.» — Ovidio, *Metamorfosis* (c. 8 d. C.).
- «El tiempo es la distancia más larga entre dos lugares.» — Tennessee Williams, *El zoo de cristal* (1944).
- «El tiempo que disfrutas "perder" no es tiempo perdido.» — Marthe Troly-Curtin, *Phrynette Married* (1912).
- «Los dos guerreros más poderosos son la paciencia y el tiempo.» — León Tolstói, *Guerra y paz* (1869).
- «El tiempo es lo que más deseamos, pero lo que peor usamos.» — William Penn, *Some Fruits of Solitude* (1682).
- «El tiempo es la cosa más valiosa que una persona puede gastar.» — Teofrasto, filósofo griego (c. 371–287 a. C.).
- «El tiempo es una ilusión.» — Frase atribuida a Albert Einstein.
- «El tiempo se lo lleva todo, lo quieras o no.» — Stephen King.
- «El futuro es algo a lo que todo el mundo llega al ritmo de 60 minutos por hora, haga lo que haga y sea quien sea.» — C. S. Lewis, *Cartas del diablo a su sobrino* (1942).
- «El tiempo es la escuela en la que aprendemos; el tiempo es el fuego en el que ardemos.» — Delmore Schwartz, *Calmly We Walk Through This April's Day* (1938).
- «Nunca hay suficiente tiempo para hacer toda la nada que te gustaría hacer.» — Bill Watterson, *Calvin y Hobbes*.

Acertijos sobre el tiempo

- ¿Qué camina en la mañana sobre cuatro patas, al mediodía sobre dos, y por la noche sobre tres?
  Respuesta: El ser humano. (El acertijo de la Esfinge).
- Siempre hacia delante, nunca hacia atrás.
  Siempre aquí, sin faltar jamás.
  Me gastas para bien o para mal.
  Si me pierdes, no vuelvo jamás.
  ¿Qué soy?
  Respuesta: El tiempo.

- Esta cosa todo lo devora:
  aves, fieras, troncos, flora;
  roe el hierro, el acero muerde,
  reduce roca dura a polvo que muerde;
  mata reyes, arrasa ciudades
  y abate montes en eternidades.[1]
  ¿Qué es?
  Respuesta: El tiempo.

- Te pregunto una vez y dices: "Son las tres".
  Te pregunto de nuevo y dices: "Son las tres y media".
  Cada vez dices la verdad,
  pero la hora ha cambiado, ¿cómo puede pasar?
  Respuesta: El tiempo cambia a lo largo del día.

- Nunca he sido, siempre seré.
  Nadie me ha visto ni me verá.
  Y, sin embargo, en mí confían
  todos los que viven sobre la Tierra.
  ¿Qué soy?
  Respuesta: El mañana.

- Aparezco una vez en "minuto",
  nunca en "segundo",
  nunca en "hora"
  y dos veces en "momento".
  ¿Qué soy?
  Respuesta: La letra M.

- No tengo voz y, aun así, te hablo.
  Cuento todo lo que he visto.
  No tengo boca y, aun así, canto.
  ¿Qué soy?
  Respuesta: El tiempo.

- Hacia delante corro, sin mirar atrás,
  siempre me muevo, no paro jamás.
  ¿Qué soy?
  Respuesta: El tiempo.

---

[1] J. R. R. Tolkien. *The Hobbit.*

- Puedo ser largo o puedo ser corto;
  puedes "comprarme", pero no venderme;
  puedes desperdiciarme o puedes valorarme.
  ¿Qué soy?
  Respuesta: El tiempo.

- Viejo como la creación, fugaz como un suspiro,
  medido en momentos, y aun así nunca expiro.
  ¿Qué soy?
  Respuesta: El tiempo.

Chistes sobre el tiempo

- **P:** ¿Qué hora es cuando un elefante se sienta encima de tu reloj?
  R: Es hora de comprar un reloj nuevo.

- **P:** ¿Qué hora es cuando un elefante te llama «mamá»?
  R: Es hora de ir al psiquiatra.

- **P:** ¿Qué tan tarde es cuando un elefante se sienta en tu regazo?
  R: Ya es demasiado tarde.

- **P:** ¿Qué hora es cuando un elefante se muere?
  R: Es hora de conseguir otro elefante.

- **P:** ¿Cuántos elefantes hacen falta para darle cuerda a un reloj de pulsera?
  R: Ninguno, los elefantes no pueden dar cuerda a relojes, no tienen pulgares oponibles.

- **P:** ¿Qué hora es cuando el reloj marca las 13 campanadas?
  R: ¡Es hora de comprar un reloj nuevo!

- **P:** ¿Qué le dijo una aguja de los segundos a la otra?
  R: «No te preocupes, al final daremos la vuelta.»

- **P:** ¿Por qué los calendarios nunca se cansan?
  R: Porque siempre se lo toman un día cada vez.

- **P:** ¿Por qué el reloj era tan tímido?
  R: ¡Porque siempre tenía las manecillas tapándole la cara!

- **P:** John era solo la mitad de un elefante (la mitad delantera). Le costaba mucho seguir el ritmo de sus hermanos Jared, Jannie y Jehoshaphat. Un día, mientras jugaban en lo alto de una colina, empezó a nevar. John sabía que era su gran oportunidad. Esperó hasta que sus hermanos empezaron a bajar la colina. Entonces John se deslizó sobre la nieve y pasó zumbando por delante de sus

hermanos y de su hermana. ¿Qué hora era?
R: Las tres y media.

- Un elefante le preguntó a alguien qué hora era, y le dijeron que eran las 16:45. El elefante, con cara de extrañeza, respondió: «Es la cosa más rara del mundo, he hecho la misma pregunta todo el día y cada vez me dan una respuesta diferente.»

- **1.er soldado romano:** «¿Qué hora es?»
2.º soldado romano: «XX pasadas de las VII.»

- Una persona con un solo reloj sabe qué hora es.
Una persona con dos relojes nunca está segura.

- Un hombre pasea por un barrio y, de repente, recuerda que tiene una reunión importante. Por desgracia, su reloj se ha parado y no sabe si llega tarde o no. Entonces ve a una persona cavando en un parterre de flores.
Gritando hacia el jardinero, el hombre dice:
«Perdone, ¿tiene la hora?»
El jardinero responde:
«¡Un momento!» Y se deja caer en el suelo, sacando un palito corto. Lo clava en la tierra y, sacando un nivel de carpintero, se asegura de que el palo está perfectamente vertical. Con una brújula, localiza el norte y, con una regla de acero, mide la longitud exacta de la sombra del palo.
Sacando una regla de cálculo del bolsillo, el jardinero calcula rápidamente, guarda de nuevo todas sus herramientas y se vuelve hacia el viandante diciendo:
«Son exactamente las 15:29, siempre que hoy sea 16 de agosto, que creo que lo es.»
El hombre no puede evitar quedar impresionado por esta demostración y pone su reloj en hora con la que le han dado. Antes de irse, le pregunta al jardinero:
«Ha sido realmente impresionante, pero dígame, ¿qué hace usted un día nublado o por la noche, cuando el palo no proyecta sombra?»
El jardinero levanta la muñeca y dice:
«Supongo que entonces miraría mi reloj.»

Glosario

acontecimiento – algo que sucede.
AEC – antes de la era actual, antes del año 1 d. C.
afectar – producir un cambio o causar un efecto.

agujero de gusano – teoría sobre un túnel a través del espacio o del tiempo.
agujero negro – objeto tan pesado que ni siquiera la luz puede escapar de él.
ajuste – cambio que se hace para acercar algo a lo que se desea.
año – tiempo que tarda la Tierra en girar una vez alrededor del Sol.
año calendario – año completo formado por doce meses.
apretar – comprimir algo en un espacio pequeño.
aproximado – cercano, pero no exactamente correcto.
astrónomo – científico que estudia estrellas, planetas y galaxias.
atómico – que tiene que ver con los átomos.
átomo – diminuta porción de materia con un núcleo que contiene protones y neutrones, rodeado por una nube de uno o más electrones.
brújula – aparato que usa el campo magnético de la Tierra para indicar la dirección.
calendario – cuadro o sistema que muestra días, meses y años.
calendario gregoriano – calendario que usamos hoy en día.
calendario juliano – calendario antiguo creado por Julio César.
calendario lunar – calendario basado en las fases de la Luna.
calibrar – ajustar con mucha precisión.
campanada – sonido de campana que hace un reloj o un reloj de torre.
causa – algo que hace que otra cosa ocurra.
causa y efecto – cuando una cosa hace que otra cosa suceda.
cerebelo – parte del cerebro que te ayuda a moverte y a mantener el equilibrio.
cesio-133 – tipo especial de cesio usado en relojes atómicos.
cíclico – que ocurre en ciclos; que ocurre una y otra vez siguiendo el mismo patrón.
ciclo – serie de acontecimientos que vuelve a empezar y se repite.
ciclo solar – cambios causados por la órbita de la Tierra alrededor del Sol.
clepsidra – reloj que usa agua para medir el tiempo.
colapsar – desmoronarse, hundirse sobre sí mismo.
complejo – que no es sencillo.
condición – algo que debe existir u ocurrir para que otra cosa pueda existir u ocurrir.
congelado – detenido, parado del todo.
consecuencia – lo que pasa a causa de otra cosa.
constante – que permanece sin cambios.
continuo – que sigue sin parar.

continuo (continuum) – algo que continúa de forma suave, sin cortes.
corteza prefrontal – parte delantera del cerebro que ayuda con la memoria y la toma de decisiones.
cósmico – que tiene que ver con el universo.
cristal – átomos colocados en un patrón regular y que se repite.
cronostasis – cuando la aguja de los segundos de un reloj parece quedarse congelada un momento.
cuántico – que tiene que ver con las partes más pequeñas de la materia y la energía.
cuarzo – cristal que vibra cuando se le aplica electricidad.
cuerda cósmica – resto muy largo, fino y poderoso del universo temprano (por ahora solo es una teoría).
década – diez años.
definir – decir el significado de algo.
deformar – torcer o doblar algo, sacándolo de su forma original.
densidad – cantidad de materia que hay en un determinado espacio.
denso – lleno de mucha materia en un espacio pequeño.
depender – necesitar que algo ocurra antes de que otra cosa pueda ocurrir.
descubrir – averiguar algo que no se sabía.
desintegrarse – romperse en partes más pequeñas, arruinarse poco a poco.
detectar – descubrir que algo existe.
día – tiempo que tarda el Sol en volver al mismo punto del cielo.
día extra – día adicional que se añade para mantener el calendario sincronizado con la órbita de la Tierra.
día sideral – tiempo que tarda la Tierra en girar una vuelta completa (360°).
día solar – tiempo que pasa de una salida del Sol a la siguiente.
día solar medio – duración media de los días a lo largo de un año.
dilatación – estirar algo, hacerlo más largo.
dilatación del tiempo – tiempo que avanza más despacio bajo ciertas condiciones, como velocidades muy altas o gravedad muy fuerte.
dimensión – una dirección. El espacio tiene tres; el tiempo es una dimensión más.
dirección – hacia dónde va algo: arriba/abajo, adelante/atrás, izquierda/derecha, futuro/pasado.
discontinuo – que tiene interrupciones, cortes o huecos.
discreto – formado por partes separadas, con espacio entre ellas.
efecto – lo que ocurre por culpa de una causa.

efecto «bicho raro» – cuando el tiempo parece ir más despacio porque algo te sorprende.
eje – línea imaginaria que atraviesa un objeto.
engranaje – rueda dentada que trabaja con otros engranajes para hacer que las cosas se muevan.
entrelazamiento – cuando partículas permanecen conectadas aunque estén muy separadas.
entropía – tendencia gradual hacia el desorden y la descomposición.
equilibrio – lo uniforme o justo que es algo.
equinoccio – día en que la oscuridad y la luz duran casi lo mismo.
equinoccio de otoño – día de septiembre en el que el día y la noche están casi igualados.
equinoccio de primavera – día de primavera en el que el día y la noche están casi igualados.
escala – tamaño de algo, lo grande o pequeño que es.
escape – parte de un reloj que controla el movimiento de los engranajes.
espacio – zona tridimensional donde existe todo.
espacio-tiempo – espacio y tiempo combinados en una sola gran idea.
estación – invierno, primavera, verano u otoño.
estándar – forma habitual o aceptada de hacer las cosas.
estirar – hacer algo más largo.
Estrella Polar – estrella del norte.
exactitud – lo cerca que está algo de ser exactamente correcto.
exacto – exactamente correcto, sin errores.
existencia – estado de ser real o estar vivo.
experimento – algo que se hace con cuidado para probar una idea científica.
finalmente – que ocurre en algún momento del futuro.
física – ciencia que estudia el espacio y el tiempo, y cómo se mueven las cosas.
física cuántica – estudio de las partes más diminutas del universo.
flecha del tiempo – idea de que el tiempo solo avanza hacia delante, no hacia atrás.
flexible – que se puede doblar o mover sin romperse.
fluir – moverse de forma suave.
fuerza – algo que tira o empuja de otra cosa.
futuro – lo que todavía no ha ocurrido.
galaxia – conjunto de estrellas que giran alrededor de un centro común.
ganglios basales – grupo de células del cerebro que ayudan a conectar distintas partes del cerebro.
gnomon – parte de un reloj de sol que proyecta la sombra.

GPS – ver Sistema de Posicionamiento Global.
gravedad – fuerza de atracción entre objetos que tienen masa.
hemisferio – mitad de una esfera.
hipótesis – algo que se propone como idea, pero aún no se ha demostrado.
Hipótesis de la simulación – idea de que todo nuestro mundo podría ser una simulación por ordenador.
hipotético – que se imagina, pero todavía no se ha demostrado.
hora – 60 minutos; 1/24 de un día completo.
hora del día – tiempo que ha pasado desde medianoche.
incierto – que no es seguro.
inclinado – que se apoya hacia un lado.
infinito – sin principio ni final.
inflación cósmica – teoría según la cual el universo creció rapidísimo justo después del Big Bang.
influencia – capacidad de provocar algo o causar un cambio.
interpretación – manera personal de explicar algo.
intervalo – cantidad fija de tiempo.
invertir – ir hacia atrás.
invierno – estación más fría del año.
ley – regla de la naturaleza que no cambia.
línea de tiempo – lista de acontecimientos colocados en orden.
luna nueva – fase en la que la parte de la Luna que vemos no está iluminada por el Sol.
luz estroboscópica – luz que se enciende y se apaga rápidamente a golpes.
masa – cantidad de materia que tiene un objeto.
mecánica cuántica – reglas de cómo se portan las cosas muy, muy pequeñas.
media – valor promedio.
medidor de tiempo – cualquier cosa que se usa para medir el tiempo.
medir – averiguar cuánto mide o dura algo.
mes – unidad de tiempo que tiene entre 28 y 31 días.
mes lunar – tiempo que pasa de una luna nueva a la siguiente.
microscópico – demasiado pequeño para verlo solo con los ojos.
minuto – 60 segundos; 1/60 de una hora.
muerte térmica – posible final del universo cuando las estrellas se apaguen.
multiverso – conjunto de muchos universos que existen al mismo tiempo.
mundo cuántico – mundo diminuto y extraño de partículas y ondas.

muón – partícula diminuta parecida a un electrón, pero más pesada.
nada – ni una sola cosa.
navegar – trazar y seguir un rumbo.
niveles de energía en los átomos – distancias fijas de los electrones al núcleo. Un nivel de energía más alto está más lejos del núcleo.
norte verdadero – dirección que apunta directamente al Polo Norte de la Tierra.
núcleo – centro de un átomo que contiene protones y neutrones.
número imaginario – número usado en matemáticas, como la raíz cuadrada de -1.
observación – acto de mirar o notar algo con atención; también, cada vez que observas algo.
observar – mirar o notar algo con atención.
ocurrir – suceder, pasar.
omnidireccional – que se mueve o se extiende en todas las direcciones.
órbita – girar alrededor de un objeto en círculo o en elipse; también, el camino que recorre un objeto alrededor de otro.
orden – manera en que las cosas están colocadas o suceden una después de otra.
otoño – estación en la que empieza a hacer más fresco.
paradoja – rompecabezas en el que dos cosas parecen verdaderas, pero no pueden serlo a la vez.
paradoja de los viajes en el tiempo – rompecabezas sobre lo que pasa cuando cambias el pasado.
Paradoja del abuelo – acertijo sobre viajes en el tiempo que trata de cambiar el pasado.
partícula – trocito muy pequeño de materia.
partícula cuántica – porciones pequeñísimas de materia o energía.
pasado – todo lo que ya ha ocurrido.
patrón científico – medida que todos aceptan como referencia.
péndulo – peso que cuelga y oscila hacia delante y hacia atrás.
percepción – cómo entiende tu cerebro lo que ves, oyes o sientes.
percibir – notar algo usando los sentidos.
perfecto – exacto, sin error.
peso – cuánto tira la gravedad de algo.
polo norte – punto más alto del eje de la Tierra.
posible – que puede ocurrir.
posición – lugar donde está algo.
preciso – exacto, sin error.
predecible – que se puede adivinar o anticipar lo que va a ocurrir.
predecir – decir lo que va a pasar basándote en lo que sabes.

presente – el ahora.
primavera – estación en la que empieza a hacer más calor.
Principio de incertidumbre de Heisenberg – en física cuántica, no podemos conocer la posición exacta y la velocidad exacta de una partícula al mismo tiempo.
prueba – evidencia fuerte de que algo existe o es verdad.
radio – aparato que envía o recibe señales de sonido.
rayo – algo que sale de un punto en una dirección.
rayo cósmico – diminuto trocito de energía que llega del espacio a gran velocidad.
regla – algo que siempre es verdad.
relatividad – manera en que el espacio y el tiempo trabajan juntos, especialmente cuando algo se mueve muy rápido o está cerca de grandes masas.
relativo – que cambia según la situación.
reloj – aparato que marca el paso del tiempo.
reloj atómico – reloj superpreciso que mide el tiempo usando átomos de cesio-133.
reloj de agua – reloj que mide el tiempo con agua que gotea o fluye.
reloj de arena – aparato con arena que cae por un pequeño agujero y se usa para medir el tiempo.
reloj de cuarzo – reloj que mide el tiempo usando cristales de cuarzo.
reloj de incienso – reloj que quema barritas perfumadas para medir el tiempo.
reloj de péndulo – reloj que usa un péndulo oscilante para medir el tiempo.
reloj de sol – instrumento que indica la hora usando la sombra del Sol.
reloj de vela – vela marcada para mostrar cuánto tiempo ha pasado mientras se quema.
reloj mecánico – reloj que funciona con engranajes, muelles o pesos.
reversible – que puede volver a estar como antes.
rígido – duro y poco flexible.
ritmo – patrón que se repite.
rotación – giro alrededor de un centro.
satélite – máquina que orbita alrededor de la Tierra o de otro planeta.
Segunda Ley de la Termodinámica – todo tiende a ir hacia más desorden.
segundo – una sexagésima parte de un minuto.
segundo intercalar – segundo extra que se añade para mantener los relojes sincronizados con la Tierra.
semana – siete días seguidos.

sexagesimal – sistema de números con base 60.
simétrico – que se ve igual a ambos lados.
simulación – modelo o copia de algo real.
sincronizar – hacer que dos o más cosas coincidan en el tiempo.
sistema de numeración decimal – sistema de números con base 10.
Sistema de Posicionamiento Global (GPS) – satélites que nos ayudan a saber dónde estamos.
solar – que tiene que ver con el Sol.
solsticio – día más largo o más corto del año.
solsticio de invierno – día más corto del año.
solsticio de verano – día más largo del año.
tasa – lo rápido o lo lento que ocurre algo.
tejido – estructura de fondo que sostiene algo.
telescopio – aparato que hace que las cosas lejanas se vean más cerca.
teoría – algo que se ha demostrado y es aceptado por la comunidad científica.
teoría B del tiempo – idea de que pasado, presente y futuro existen al mismo tiempo y el tiempo es solo cómo lo experimentamos.
Teoría del Big Bang – idea de que el universo empezó como una diminuta bola muy caliente y densa.
Teoría del Bloque de Tiempo – idea de que todos los momentos, pasados y futuros, existen a la vez y no cambian.
Teoría del Gran Colapso – teoría según la cual el universo podría llegar a colapsar sobre sí mismo.
Teoría del Gran Rebote – idea de que el universo podría colapsar y empezar de nuevo desde el principio.
Teoría especial de la relatividad – teoría de Einstein sobre cómo se comportan el espacio y el tiempo cuando las cosas se mueven rápido.
Teoría general de la relatividad – idea de Einstein sobre cómo están unidas la gravedad y el tiempo.
termodinámica – rama de la física que trata del movimiento, el calor y la energía.
tiempo – flujo que va del pasado al presente y al futuro.
Tiempo Atómico Internacional (TAI) – escala de tiempo que usa el resultado combinado de unos 400 relojes atómicos muy precisos.
tiempo cíclico – idea de que el tiempo se repite en bucles.
tiempo cuántico – tiempo que se comporta de formas raras a escalas súper pequeñas.
Tiempo de los gemelos – experimento mental que imagina a uno de dos gemelos viajando en una nave espacial muy rápida.

tiempo imaginario – tiempo descrito usando números imaginarios para explicar ciertos sucesos.
tiempo lineal – tiempo que avanza en línea recta del pasado al futuro.
Tiempo Universal – tiempo basado en la rotación de la Tierra, usado en todo el mundo.
tradición – algo que se transmite de generación en generación.
triangulación – proceso de usar otros objetos para encontrar la propia posición.
ubicación – lugar donde está algo.
unidad – uno de algo.
unidireccional – que se mueve solo en una dirección.
universal – que vale para todo y para todos.
universo – todo lo que existe.
verano – estación más calurosa del año.
viaje en el tiempo – ir al pasado o al futuro.
vibración – acto de moverse hacia delante y hacia atrás.
vibrar – moverse hacia delante y hacia atrás rápidamente.

Otros libros de David E. McAdams

Introducción a los números

Las Estaciones de Anna – Explora el mundo con Anna, ¡una estación y un número a la vez!

El Libro de los Números Extraterrestres – Despega en una aventura de conteo fuera de este mundo.

El Libro de Números del Rancho – Aprende a contar con humor campestre y encanto rural.

El Libro de los Números de las Hadas – Un viaje mágico donde cada número cobra vida.

El Libro de los Números de Dragones – Cada número tiene su propio dragón guardián.

El Libro de los Números Élficos – Aprende los números del 0 al 10 con la ayuda de encantadores elfos.

El Libro de Números de Camiones – Un viaje encantador y educativo a través de los números del 0 al 13, con ilustraciones realistas de camiones.

El Libro de Números de Unicornios – El libro de números del unicornio es un viaje encantador y educativo a través de los números, con ilustraciones de unicornios sorprendentemente realistas.

Introducción a los colores

Colores de los Loros – Descubre los colores brillantes de la naturaleza con divertidos loros.

Colores de las Flores – Explora el arcoíris de flores que embellece la naturaleza.

Colores Reales – Aprende los colores con príncipes y princesas de todos los tonos.

Colores de las Personas – Celebra la diversidad y aprende los colores del mundo.

Aritmética

Un centavo, dos – «Es una caja mágica. Si pones un centavo en la caja y no sacas ninguno, se duplicarán cada día», le dice Joe a Jerry. ¿Podrá Jerry ahorrar lo suficiente para un coche deportivo descapotable verde?

Kit de Actividades de Aprendizaje con Dinero – Aprende a contar y usar grandes números con dinero de juego.

Geometría

Formas – Una divertida introducción a las figuras geométricas.

Mis Fractales Favoritos (Tomo 1 y 2) – Un festín visual de fractales coloridos y fascinantes.

Desarrollos de Poliedros – Libro del Proyecto – Crea tus propios poliedros 3D con redes geométricas para recortar y armar.

Teoría matemática

Números – Descubre cómo los números nos ayudan a medir, contar y entender el mundo.

¿Qué es más grande que todo? (Infinito) – Una mirada curiosa al asombroso concepto del infinito.

Columpios y Conjuntos – Aprende sobre conjuntos y pertenencia con ejemplos cotidianos y divertidos.

Ciencia

El tiempo es totalmente raro – Desde los viajes en el tiempo hasta los átomos que hacen tictac, este divertido libro muestra que el tiempo es una de las maravillas más extrañas del universo.

Libros inspiradores

Si Yo Tuviera un Monstruo – Una tierna historia sobre el amor y la imaginación familiar.

Escalera hacia las Estrellas – Ilhicamina sueña con tocar las estrellas en un viaje lleno de esperanza y corazón.

¡Piensa como un genio! – Conoce a brillantes científicos de la historia, no solo por lo que descubrieron, sino por cómo pensaban.

Creciendo y creciendo y creciendo – Una historia conmovedora que lleva a los jóvenes lectores en un viaje desde la emoción de crecer hasta la paz de envejecer.

Rompecabezas mentales

¡Laberintos a Montones! – 241 laberintos hechos a mano para explorar, pensar y disfrutar.

Para el entusiasta de las matemáticas

Los Primeros Millones de Dígitos de Pi – Admira el número infinito que ha fascinado a las matemáticas por siglos.

Para una lista actualizada de libros, visite https://lifeisastoryproblem.tripod.com/aauthor/spanish.html.

www.ingramcontent.com/pod-product-compliance
Lightning Source LLC
Chambersburg PA
CBHW050038080526
44586CB00014B/1364